20 THINGS TO DO,
OR YOU'LL REGRET FOREVER

現在不做，以後一定後悔的20件事

熟悉的地方沒有風景！
我們必須**不斷地行走，不斷地體驗，**
人生才是豐盈而充實的。
世界上最容易做的事情是放棄，
對於你想要做的事情，不要遲疑猶豫。

★
拿出信心和勇氣，相信自己一定可以！
因為你只有一次生命和一次機會去做你想做的事情。

・想要充實、想要創造事業的
都要做到的20件事！

永續圖書線上購物網 讀品文化事業有限公司
WWW.foreverbooks.com.tw yungjiuh@ms45.hinet.net

全方位學習系列 44

現在不做，以後一定後悔的20件事

編　　著　梁浩鈞
出 版 者　讀品文化事業有限公司
執行編輯　廖美秀
美術編輯　蕭若辰

社　　址　22103 新北市汐止區大同路三段 194 號 9 樓之 1
TEL／(02)86473663
FAX／(02)86473660
總 經 銷　永續圖書有限公司
劃撥帳號　18669219
地　　址　22103 新北市汐止區大同路三段 194 號 9 樓之 1
TEL／(02)86473663
FAX／(02)86473660
出 版 日　2013年02月

法律顧問　方圓法律事務所　涂成樞律師
CVS代理　美璟文化有限公司
TEL／(02)27239968
FAX／(02)27239668

國家圖書館出版品預行編目資料

現在不做,以後一定後悔的20件事 / 梁浩鈞編著.
-- 初版. -- 新北市 : 讀品文化, 民102.02
面 ; 公分. -- (全方位學習系列 ; 44)
ISBN 978-986-6070-76-1(平裝)
1.成功法
177.2　　101025800

構建情感生活一定要做的10件事

★瑣細的日子，想種點花草，人生需要風景，生活亦要點綴。

享受生活一定要做的10件事

★快樂是一種發自內心的情感，是一種清澈美妙的內心感受。

★

構建情感生活一定要做的★10件事

20 THINGS TO DO, OR YOU'LL REGRET FOREVER

瑣細的日子，想種點花草，人生需要風景，生活亦要點綴。

心生感悟的時候，想寫下隻言片語，秋天的月亮，冬天的太陽，一個新生命的誕生，一個孤獨者的消失，一次別離的眼淚，一個重逢的擁抱……好一點的生活是什麼？無非是精神世界和物質世界的滿足。

可是我們當中有太多人被工作佔據了全部生活，我們在急於前行時往往忘記了，應該放慢一下腳步構建情感生活。

寫一封情書，給你心愛的人

「親愛的：我又給你寫信了，因為我孤獨，因為我感到難過，我經常在心裡和你交談，但你根本不知道，既聽不到也不能回答我。你的照片縱然照得不漂亮，但對我卻極有用……你好像真的在我的面前，我衷心珍愛你，自頂至踵的吻你，跪倒在你的眼前，歎息著說：『我愛你，夫人！』……」

「誠然，世間有許多女人，而且有些非常美麗。但是哪裡還能找到一副容顏，它的每一個線條，甚至每一處皺紋，能引起我的生命中的最強烈而美好的回憶？再見，我親愛的，千萬次的吻你和孩子們。」

毫無疑問，這是一封炙熱的情書，作者是誰你猜得出來嗎？署名是卡爾・馬克思，這封情書是寫給他深愛的妻子燕妮。你能想像得出這位寫過

《資本論》，並把畢生精力都獻給了無產階級革命事業的偉人也會寫出如此纏綿、熱烈而細膩的情書嗎？經常在外奔波、流亡不能廝守在妻子身邊的馬克思總是再忙也忘不了用他的生花妙筆向燕妮表達他的愛情，這封情書就是馬克思在英國曼徹斯特與恩格斯一同工作時寫給燕妮的，已流傳成爲經典。

你呢？當你邂逅一個令你怦然心動的人，遭遇一場如火如荼的愛情風暴，一起愛過，戀過，哭過，笑過，當所有的一切被時間悄悄遺忘，是否，會在某個不經意的時刻，想起最初的心動，還有那一封久久未發的情書？抑或，經過了多方波折，有情人終成眷屬，然而熱戀的激情漸被歲月沖淡，有時不免懷疑愛情的虛無，這時無意間翻起那些昔日情書，萬分感慨，那一份心動，那一句承諾，永遠值得珍惜。

情人節前夕，大街小巷到處飄溢著玫瑰花和巧克力的香味。當無數的男男女女在爲送禮物而絞盡腦汁時，還有多少人會記得最簡單、最傳統的表達方式——爲愛人寫一封情書？歷數中國文壇，就有魯迅和許廣平、巴金與蕭珊的「兩地書」，這些情書或狂熱直接、或繾綣纏綿、或真摯樸素、或詼諧幽默。它們在當時傳遞了這些愛人間真摯的情感，而經過了歲月的沉澱後，也爲後人留下了一份珍貴的研究資料。

現在還有沒有人寫情書？一些「上了點年紀」的人談起「情書」幾乎都有甜蜜的回憶：

「當年，我鼓起勇氣向一直暗戀的女孩子表白，每天一封信也許只有幾句話講述這一天的心情感受，一百天後終於打動了那個女孩，後來成了我的太太。」

「我收到最浪漫的禮物是結婚三週年時，先生把我們之間的情書裝訂成冊送給我。」

「每次吵架之後，老公總會在我的枕頭底下悄悄塞上一封『情書』，這時，再大的怨氣也煙消雲散了。」

然而，年輕的一代對這樣一種表達方式很不以爲然。很多人認爲，現在通訊那麼發達，一通電話、一則簡訊、一封電子郵件就能表達的東西，何苦捨簡求繁去寫情書？太老土了。

但是，你要知道，電子通訊的表達方式絕不能代替手寫情書。漂亮的字會給人留下良好印象，還有信紙的選擇、郵票的貼法，這些細節在電子郵件裡都反映不出來，只有親歷親爲的手工操作才有意義。而且，手寫情書可以長久保留，成爲愛情地老天荒的永恆見證。現在寫情書的人少了，除了處於市場經濟社會，人的感情日益浮躁外，還有一個重要的原因就是人與人之間信任度的下降，很多人不願意留「把柄」於人。

一些文化界人士認爲，當今社會，人們習慣用物質來表達和傳遞感情；事實上，物質傳遞的東西需要你感受，只有精神的東西才是直接觸動人的心靈的。現代的都市人更需要情感的傾訴和心靈的溝通，這是玫瑰花和巧克力所替代不了的。

如果男人寫給女人的情書和女人寫給男人的情書，最終能夠和一本精美的婚紗照片珍藏在一起，然後兩個人在一個慵懶的午後，或者一個春雨瀟瀟的夜晚重溫往事，一定是世界上最浪漫的事情。然而這一情景似乎越來越遙不可及。

在一個充斥著MSN、電子郵件和手機簡訊的年代，那種專門用來書寫青澀的愛情故事的彩色信紙，像沒落的貴族一樣逐漸退出了人們的視線。最傳統、最古典、最富有想像力和最富有浪漫色彩的情書幾乎要銷聲匿跡了。

傳統的情書是有靈性的東西：精美的信紙、獨一無二的字體會讓人不禁去聯想他是如何在昏黃的燈光下冥思苦想，如何在彩色信紙上一筆一畫的雕刻文字，又如何一遍遍撕掉重寫，即使是對某個字詞的修改也能體現出思緒的變化……

傳統情書逐漸淡出，電子郵件、簡訊情書已成爲現代情書。可是，在我們的心底，分明藏著一種渴望和懷念，懷念那些信箋情書的日子。

那個年代，愛情的伊始通常是源於手寫的情書，而不是像如今從請吃飯、約散步開始的。一支鋼筆，幾張雅緻的信紙，再將一股濃濃的深情流經筆端化作墨跡，化作一個個溢滿愛意的文字，便造就了一封情意纏綿的情書。膽子大一些，臉皮厚一些的，往往在寫下稱呼打下一個冒號後，直點中心意題，最後在末尾坦然具上自己的大名。

情書寫好以後，夾在溢滿了浪漫的玫瑰和賀卡中，在宿舍樓下，在眾人面前鄭重的交給她。

這樣的情書，是如此的熱烈、如此的坦誠，可以毫不誇張的說，此時這一封情書就是一團火，一團能夠將她融化的大火。還有膽小一點的，臉皮薄一些的，言語中便含蓄得多，盡量在中心意題附近迂迴，但也維持了形散而神不散，末尾一般不具名，而是寫諸如『一個暗自喜歡你的人』之類的東西。寫好後總是偷偷摸摸的夾進她的書本裡或是托別人轉交，並且一再囑咐：天知地知，你知我知她知。這一類情書輕柔、含蓄、婉約。

「我寫給妻子的第一封情書在我的書桌裡躺了一個多月，記不清給自己打了多少次氣，但是我一直不敢送到她的手中。直到有一天晚上我用兩瓶啤酒壯了膽，才在宿舍樓下把這封情書雙手遞給她。接到情書後，妻子就像躲避瘟神一樣躲著我。我不敢再『冒犯』佳人，只在兩個月後托人交給她兩大本日記。這兩本書信體的日記裡面記下了這兩個月裡我內心所有的愛意、濃情、痛苦和無助。妻子後來說她藉著宿舍走廊裡的燈光看完這兩本日記後，差不多已是熱淚盈眶了。」

「結了婚以後，我還是時常會給妻子寫下一封封情書。比如發生爭執，得不到她的理解的時候，我會寫一封至情至理的信給她，雖然這是嘴上就能夠說明白的道理，但是我覺得紙上寫出來的話，會比嘴裡說出來的話份量更重一些。吵架理虧時，我會事後在她的枕頭下面悄悄的放上一封情書，即使只有簡簡單單的『親愛的，請原諒我！』這幾個字，但我仍然覺得這些話比從嘴裡說出來會更有誠意。是啊，愛不僅要說出口，有時還需要寫出手。」

手寫情書，就像戒指見證婚姻一樣，戀愛中不能沒有它。對於男人來說，它是融化佳人的一團火。而對於女人來說，一個女人，如果一生中不曾收到過一封手寫的情書，只怕也是人生中一個小小的缺憾吧！

「那天是我們的結婚紀念日，早上醒來，就看到枕邊躺著工藝品一樣精緻的信封，是我喜歡的粉紫色，那是老公給我的情書。我的心好像被什麼東西撫摸了一下，結婚十年，久違的情書！突然間懷念起那些有情書的日子來。」

「上大學時，和老公一個天南一個地北，遙隔千里，一年也只有寒暑假能見上一面，唯一可聯絡感情的便是書信。我們心照不宣，每週互通一封信。」

「那時還用盡心思學折紙，試著將信紙折成各種各樣的圖案，然後帶著吻痕封起來，再帶著一臉的嬌羞和幸福的笑容將信投進立在校園最醒目位置的綠色郵筒。離開郵筒的時候，常常不放心的又折轉回來，對著投信的縫隙看了又看，彷彿投進去的不是信，而是一瓣心香，一不小心就被蒸發了。」

「從收到他的第一封信開始，我就不曾隨手撕開過，而是用一把小剪刀，將封口修剪得整整齊齊，又在信封背面的右下角標注出信的序號和收信的日期。四年，我收了近二百封含糖量極高的情書。現在它們都被我封存在一個紅色的錦緞盒子裡，放在最隱蔽的地方。」

「有一段時間我甚至想，如果哪一天我們的婚姻出了問題，我就把這些信拿出來，給他看，如果還是無法挽回，那我將燒掉這些記憶，然後跟他說拜拜。」

「而現在是一個快捷的時代。從千里之外用電子郵件發一封信，點擊一下滑鼠，只要幾秒鐘便可搞定，可是看著鍵盤上打出的文字，雖然可以選擇字體，可以選擇字色，也用了心，也動了情，整體看來十分精緻，但卻聞不到墨香味，看不到他特有的字體，便覺得這些文字硬梆梆的一點也不溫柔。」

不管你的字是否好看，一筆一畫寫出來的情書，總是帶著你的深情而來，會讓感情細膩的女人感覺自己的心好像被撫摸了一下。那種靈魂的觸動，是簡訊和電子郵件難以望其項背的。

簡訊、電子郵件、聊天室……人與人之間的聯繫迅速而容易，表達愛情的情書從從前的信箋變成了電子情書，這真是一個快捷的時代。可是留在人們記憶裡的還是動人的信箋情書。

潮流總是用一種奇怪的方式循環著。在書信傳情的日子裡，電子情書似乎是充滿了時尚的浪漫，而在這個數字化愛情的時代，傳統情書似乎又代表了一種更爲深厚和悠遠的愛戀。

如果一個人在信紙上把心上人的名字寫了一千遍叫做浪漫，那麼一個人在電子郵件上把一個人的名字複製了一千遍就只能叫做無聊。比如一個女子把數封情書焚爲灰燼的場面是淒美而且悲壯的，那麼在電腦上刪除一百封情書只是在轉瞬之間，而且可以不觸動一根神經。

有這麼一個故事：當大家都遺忘了情書的時候，有一個人還在執著的給他心愛的人寫情書。在一天中只要他想她的時候，就會拿起筆，在信紙、病歷紙或者任何他找得到的白紙上寫上長長的一段，然後在下班的時候跑到馬路對面的郵筒去寄信。他之所以不辭辛勞的這樣做，只是因爲她在信上說過：「收到你的信，我總是捨不得看，按捺著期盼的心情上完課，才帶上你的信，爬到校園後面的山坡上，在落日的餘暉裡靜靜的享受你寄給我的每一句話。」

我們相信，任何人在多年之後的一天讀到這樣一句話仍然會怦然心動。所以，拿起筆來寫情書吧！讓我們重溫等待和感動。

漫漫人生路上總有你心動的瞬間，也許只是驚鴻的一瞥，也可能是回眸的瞬間，總有一個人讓你爲之心動。寫一封情書，給令你心頭顫動的人吧！

人生行動指南：寫一封情書，給你心愛的人

鼓起勇氣，樹立信心，給你心愛的人寫一封情書。

不一定要非常有條理或者思路分明，關鍵是要真誠動人。
翻閱一些經典的情書，從中得到啓發和觸動。
把寫好的情書，在適宜的時間和地點，鄭重的送給你心愛的人。

徹底的愛上一個人

情歌聽得太多了，情感故事看得太多了，反而覺得愛情是如此可望而不可及的事情。

問問自己，有沒有過古代女子「拼將一生休，盡君一日歡」的堅貞決絕？有沒有過張愛玲所謂「見到他，她變得很低很低，低到塵埃裡，但她心裡是歡喜的，從塵埃裡開出花來」的純淨清澈？有沒有辛曉琪「我們的愛若是錯誤，願你我沒有白白受苦」的寬厚堅忍？一個人怕孤獨，兩個人怕辜負，斤斤計較的愛情充斥在我們周圍，往往會讓我們望而卻步。但是，當你夢想中的那個人出現，當你嚮往的愛情來臨，就徹底投入的愛一次吧！也許你會受傷，但這是讓你人生完整的唯一方法。

你愛過嗎？當愛神之箭悄悄射中你的心，你是否感覺到玫瑰花蕾的清香醉人？愛如玫瑰，嬌艷欲滴，當你忍不住伸手採擷的時候，玫瑰之刺劃破你的雙手，血像那火紅的玫瑰，疼痛讓你揪心。然而不疼又怎知愛情的酸甜，不痛又怎知愛情的苦辣？沒有真正愛過的人是一個空心人，她的思想不會生動豐滿，她的人生不會斑斕多彩。

愛情來臨的時候，是什麼樣的？

「靜謐，一如玫瑰花蕾／絮語，對著稀薄的空氣／愛情的步履那麼輕盈／我不知道她已來臨。」

當愛來臨，就深情熱烈的愛一次吧，也許你會受傷，但這是使人生完整的唯一方法。

摩西・孟德爾頌是德國知名作曲家孟德爾頌的祖父。他的外貌極其平凡，除了五短身材之外，還是個駝背。當他遇到美麗的弗西時，立即無藥可救的愛上了她。

但是弗西卻始終拒絕正眼看他，在即將離別的時候，摩西鼓足了勇氣，他害羞的問弗西：「你相信因緣天注定嗎？」

弗西盯著地板答了句：「相信。」然後反問他：「你相信嗎？」

摩西回答：「你知道嗎？每個男孩出生之前，上帝便會告訴他，將來要娶的是哪一個女孩。我出生的時候，上帝告訴我我的新娘是個駝背，我向上帝懇求：『上帝啊！求你把駝背賜給我，再將美貌留給我的新娘。』」

弗西的心被深深打動了，她把手伸向他，並成了他最摯愛的妻子。

癡情的男人總是讓人感動，有這樣一個男子，他深深愛著一個叫王蘭的女孩，但是女孩的家人強烈反對他們在一起，女孩承受不住壓力，終於和他分手了。於是王蘭所住的那個大樓的人們目睹了一連串奇怪的事……

那個人精神出了問題，大樓裡的住戶都這麼說。那個人自從和三樓的王蘭分手以後，就接連不斷的出現在大樓的附近。

他先是出現在大樓前的一堆廢水泥管上，一坐就是好幾個小時，就那麼若有所思的坐著。大樓內的住戶都知道，以前和王蘭約會的時候，不敢上樓見王蘭母親的他總是偷偷在這堆廢水泥管上等王蘭，而且是天黑的時候。後來他又出現在隔壁的一棟大樓的樓頂上，坐在樓頂的邊緣，好像隨時要掉下來的樣子。鄰居也有人知道，那個樓頂是他和王蘭約會時經常去的地方。另外在戀愛的時候他還能居高臨下知道王蘭家人的動向，偶爾乘王蘭父母不在家的時候，溜進去一趟。

整個夏天和秋天，他就這樣反覆出現在這兩個地方，不管颳風下雨，烈日曝曬。

大樓裡的住戶們不知道他和王蘭是怎麼認識的。但有一點可以肯定的是，王家父母特別是王蘭母親對他們的戀愛堅決反對。現在鄰居們完全能夠體會王蘭母親的反對：看那人癡癡傻傻的樣子，怎麼配得上伶俐的王蘭。大樓內的住戶一開始有些擔心那人會鬧出什麼問題，時間一長就放心了。那個人除了傻傻的坐在那裡外沒有任何舉動。

後來天漸漸涼了，風攪得落葉和廢紙在樓前飛舞。

有一天大樓裡的人忽然發現那個人把那堆廢水泥管子一根根往外扛。至於扛到什麼地方、爲什麼扛走人們不得而知。那堆廢水泥管是以前建設公司留下來的，從人們住進這棟大樓它們就在這裡，礙手礙腳十分不便，但時間一長大家也就習慣了。

那個人整整扛了兩天。大概是要把水泥管放在一個很遠的地方，每一次來回，他都要費上一個小時。水泥管肯定不輕，人們都看見了，當他把一根水泥管扛上肩膀之前，總要站在那裡好久，像在琢磨什麼似的，然後彎腰把水泥管的一頭慢慢抬起來，斜支在地上，隨後，他把自己的右肩擱在水泥管的中間部位，叉開雙腿，慢慢把水泥管觸地的一頭抬起來，讓整根水泥管穩穩的臥在他的肩膀上，這才一步一步往前走。

大樓裡的人想不通，這幾個月來他經常在這堆水泥管上靜坐，搬走以後他要坐哪兒呢？而最關鍵的問題是，他爲什麼要把它們搬走呢？

搬走那堆廢水泥管，大樓前變得豁然開朗起來。大樓內的住戶突然對那個人有了一點感激。爲什麼以前大家就沒有想到要把這堆廢棄的水泥管搬走呢？

後來就紛紛揚揚飄雪花了。透過雪花，人們又看見了那個熟悉的身影。他幾乎匍匐在樓前那片因搬走水泥管而變得平整的空地上，用一件什麼工具在忙碌著。大樓內的鄰居或在辟里啪啦搓麻將或在熱氣裊裊的火鍋前勸酒，對著樓前那個漸漸模糊的身影說說笑笑。

雪越下越大了，後來那個身影再也沒有出現在大家的視線裡。

第二年春天的時候樓前那片空地漸漸的綠了，一個雨夜後的早晨有人忽然喊道：「花！」

住戶們仔細一看，空地上真的開滿了嬌豔的花，讓人眼睛一亮，很快人們又有了新的發現，那些花組成了幾個巨大的字——蘭王愛我。有人立即糾正從右往左，應該念「我愛王蘭」。懂花的人說這花的名字叫勿忘我。

於是大樓裡經常有一些半大的孩子一起使勁的吆喝著：我愛王蘭，我愛王蘭……

有一個人在玻璃窗後面淚眼婆娑。

愛，是聯結人與萬物的神聖約定，沒有它，爲愛所駕馭的心靈就永遠不會安寧，永遠不會歇息。愛是靈魂之間的神秘感應，它喚醒我們心中的精靈去跳一場酣暢淋漓的狂喜之舞，並使溫柔的淚盈滿我們的眼睛。請記住泰戈爾的名言：相信愛情，即使它給你帶來悲哀也要相信愛情。徹底的愛一個人吧！

徹底的愛一個人，就代表著你將要爲他付出，時間上的付出，物質上的付出，金錢上的付出以及人身自由上的付出，而且這種付出應該是心甘情願，無怨無悔，不思回報的。

如果你的付出想要從他身上得到某些回報，那只能說你的愛有雜質，你想獲得的回報越多，雜質就越多，甚至可以說你並不愛他，只是爲了達到個人的某種目的。當對方也愛你的時候，他同樣會給你愛的付出，而這種付出不能和你的付出等同，不能說你獲得了他的回報，只能說你們都在為自己的愛付出，至於付出的多少，那要根據各人愛的程度和自身經濟能力。

徹底的愛一個人，就要信任他，相信他的話，相信他的行為，不要猜忌他。不要因為他的某些話、某些事情你不清楚，就去斥問，甚至私下跟蹤調查，那樣只能讓你的愛走上歧途。既然愛他，就要完全信任他，他所做的應該有他的理由，如果他也愛你，他在恰當的時間會告訴你原委的，你把自己的心放寬點，踏實的去愛他就可以了。如果不信任自己愛的人，那你的愛還會有什麼價值？

徹底的愛一個人，就要去理解他，每個人都有自己的工作，每個人也都有自己的事情，不能要求他總是把你放在心裡最重要的位置，什麼時候都要以你為先。

在人的一生中的某些時間段，總會有他認為最重要的事情、最重要的人，比如他工作非常繁忙、工作有特殊性等等，這些都是他工作或者事業的需要，這個時候你要理解他，而不是站在一邊埋怨，兩個人在一起，各人又都有自己的事情，這時就需要互相理解和支持，生活才會幸福而順利。既然愛他，就真心的去理解他。

徹底的愛一個人，當然要無時無刻的關心他，關心他的工作，關心他的健康，關心他的日常生活。但這種關心，不能是時刻把他收在你的眼皮底下，他所做的任何事情你都要知道，他的任何社交關係你都要清楚，那這種關心就走向了極端，成了一種佔有。不能因爲你愛他，他就成了你的私人物品，他是一個人，除了你之外，他還有屬於他自己的生活圈，他有他自己的朋友，他有他的自由，所以關心也要有個尺度，該關心的你關心，不該關心的你就別多問。

徹底的愛一個人，就要學會寬容，誰都不是完人，誰都會犯錯誤，既然愛他，就要容忍他的錯誤。當然，錯誤有大有小，小的就不必說了，如果太大了，真的徹底的傷害了你，而你又完全不能容忍，你認爲自己不能再愛他了，那就收回你的愛。

徹底的愛一個人是辛苦而快樂的，得到對方的愛更是幸福的。每個人都在芸芸眾生中尋找著屬於自己的愛，然後培養，等待開花，結果。在這個漫長的過程中，我們要學會很多東西，也要學會理解很多東西，從開始的相識到不斷的摩擦碰撞，直到最後達成相知。在漫漫愛的征途中，我們只有相互付出，相互信任，相互關心，相互寬容，我們的愛才會徹底，才會一步步的走向未來。

讓我們仍然信仰席慕蓉的詩句：「年輕的時候，如果你愛上了一個人，請你，請你一定要溫柔地對待他。不管你們相愛的時間有多長或多短，若你們能始終溫柔地相待，那麼，所有的時刻都將是一種無瑕的美麗。若不得不分離，也要好好地說聲再見，也要在心裡存著感謝，感謝他給了你一份記憶。長大了以後，你才會知道，在驀然回首的刹那，沒有怨恨的青春才會了無遺憾，如山岡上那輪靜靜的滿月。」

人生行動指南：熱烈徹底的愛上一個人

看一些關於愛的書籍，讓自己重溫愛的真諦和美麗。

把你對愛的感悟跟周圍的朋友分享，或許他們會給你莫大的鼓勵。

寫下你的目標——愛上一個人，一步一步去完成。

記住，愛要真誠、熱烈、徹底。

給愛人製造一次浪漫

看到年輕的情侶在雨中散步，你會感歎道：真浪漫啊！情人節男朋友送來一束玫瑰，你送給他一盒可愛的巧克力，別人會滿臉羨慕的對你說：好幸福啊！

下雪了，兩個人一起靜靜的在路上踩出一大一小兩排腳印，是給馬路留下了浪漫的痕跡；過生日，忽然從廣播裡聽到他特地點播的歌曲，是給夜空留下了浪漫的電波。所有這些浪漫的記憶，發生在我們還年輕的時候，還有激情並對生活仍充滿了希望的時候，我們把這種浪漫叫做愛情。

有人說，婚姻是愛情的墳墓。如果真是這樣，那麼，婚姻，是否也是浪漫的墳墓呢？

當工作完一天，丈夫回到家後，見到妻子，說的第一句話往往是：「今天真累呀！」這樣的見面語令妻子倍感傷心。

妻子見到丈夫的第一句話往往是：「嗨，你今天有沒有想我？」面對這樣的詢問，丈夫一般會有點木然的說「嗯，這個，工作，想了。」這樣的回答肯定不會令妻子滿意。

男人是理性的，女人則是感性的。女人將自己認爲很有趣同時覺得也很有真實性的一本書拿給男人之後，男人會匆匆翻幾頁便丟在一邊，說道：「滿篇的謊話，鬼才相信！」可是女人會一邊看一邊掉眼淚，其實，她只是想讓丈夫來安慰一下，找到當初在教室裡，那個小男生羞怯的遞給自己一條手帕的浪漫。

生活就是這樣，當房子、車子、孩子、父母等等一些現實的話題擺在面前時，我們早就忘記了曾經擁有的那一份浪漫的感覺，只想著柴米油鹽、衣食住行，早已將浪漫拋在了腦後，認爲它不過是無所事事的年輕人刻意創造的玩物。

男女剛剛陷入愛情的時候，必然會主動製造一些浪漫的氣氛來吸引對方，讓彼此都享受在一起的時光。隨著關係固定下來，最初的溫度略爲下降之後，人們對營造浪漫做得就很少了，儘管兩個人仍舊十分愛著對方，但是似乎已經習慣了彼此日常的樣子，覺得沒有必要刻意尋找什麼浪漫，也忘記了如何享受浪漫。這主要是因爲男人與女人對於浪漫有不同的看法。男人的觀點過於理性，對於他們而言，浪漫的氣氛只是達到某種目的的工具。他們不知道，浪漫的氣氛對於女人而言是非常重要的，其意義更是非同小可。女人總是需要寵、需要哄的，還希望時不時地得到一點驚喜、一點滿足、一點浪漫，來避免生活的無味。如果沒有了浪漫，對於她們就像是沒有了調味料，生活這道菜就乏味了。

結了婚也需要浪漫。當愛情剛開始的時候，浪漫往往有著驚天動地的形式和無窮的花樣。當我們慢慢習慣周旋於生活的瑣碎事情，當我們慢慢習慣於彼此的面孔和規律，似乎可以準確的預知彼此的一舉一動時，當愛情慢慢變成親情時，浪漫也會變得更加平常，更加平淡。浪漫不只是一束花、一個吻、一次擁抱或者一句驚天動地的話，浪漫是愛到最深處時，情感的自然流露。

一位妻子覺得自己的丈夫一點也不浪漫，既不會說甜言蜜語也不會寵自己，於是想跟他分開一段時間。

男人問她：「怎麼做才能改變你的決定？」

這位妻子說：「只要你回答我一個問題，令我滿意就行了。假如我非常喜歡懸崖上的一朵花，而你去摘的結果是百分百的死亡，你會不會摘給我？」

丈夫沉思了良久，說：「老婆，我不會去摘，但請容許我陳述不去摘的理由。你只會用電腦打字，卻總把程序弄得一塌糊塗，然後對著鍵盤哭，我要留著手指給你整理程序；你出門總是忘了帶鑰匙，我要留著雙腳跑回來給你開門；你常常在自己住的城市裡迷路，我要留著眼睛給你帶路；你不愛出門，我擔心你得到自閉症，因此我要留著嘴巴陪你說話；你總盯著電腦，健康已經磨損了一部分，我要和你一起慢慢變老，給你修剪指甲，幫你拔掉讓你懊惱的白髮，牽著你的手，在海邊享受陽光和沙灘。」

最後一個理由，男人大聲說：「我堅信沒有一朵花，能像你的面孔那樣美麗，所以，我不捨得爲了摘一朵花而死掉，在我不能確定有人比我更愛你之前……」

還有什麼比這番話更浪漫的？

關於如何對待女人，《聖經》中記載了這樣一句話：「溫柔地對待她們。」

這句話說明的原則就是：男人們，你們的力量不是用來恐嚇威脅你的妻子，使她們服從你，而是用來愛護她們，保護她們；女人們，也不要頑固地用你們的智慧顯示你們的聰明，以削弱或控制你們的丈夫，你們的聰明是用來彌補你丈夫的缺點和完善你丈夫的能力。這種溫柔，本身就是一種浪漫。看來上文這位丈夫是深懂溫柔的秘訣。其實這樣的愛，並不是發生在小說和電影裡的，只要兩個人真心相愛過，在他們的記憶中總會有過美好的一瞬，也許正因爲有這瞬間的美好，才會使平淡的愛情變得恆久起來，讓我們一起來珍惜那些走過的日子。

浪漫是情到終老時，把對方放在心上最重要的位置。

一對老夫妻，都到了白髮的年齡。有一天他們在街上漫步，老頭看到路邊的燒餅，回憶起了以前吃燒餅的感受，最後還說了句：那味道真好。於是他們來到燒餅鋪前，但剛好沒有現成的，這時天空下起了雨。

老頭說：「走吧，不要了。」

老伴不走，說：「我在這裡等著，你先回去吧！」

老頭也沒有走，只是默默陪在老伴身邊，直到買到了燒餅，可老伴還是沒有走的意思。雨越下越大，他們沒有帶傘，老頭也沒有做聲，依然守在老伴身邊。

後來老頭問老伴：「你買了燒餅爲什麼不走？」

老伴說，我是想看看燒餅是怎樣做的，以後做給你吃。」

老頭很感動。

老伴說：「那你爲什麼不先回去，那麼大的雨。」

老頭只是笑笑。

就像一首歌裡唱到的那樣，多希望我們就這樣背靠著背坐在地毯上，聽聽音樂聊聊願望。你希望我越來越溫柔，我希望你放我在心上；你說想送我個浪漫的夢想，謝謝我帶你找到天堂，哪怕用一輩子才能完成，只要我講你就記住不忘。我能想到最浪漫的事，就是和你一起慢慢變老，一路上收藏點點滴滴的歡笑，留到以後坐著搖椅慢慢聊。直到我們老的哪兒也去不了，你還依然把我當成手心裡的寶。

浪漫到了極致，就是在平淡中表達真愛和關懷，就是在不經意間的行爲中彰顯出對方就是你的唯一。不需要蠟燭，不需要熏香，浪漫有時只是牽著手安靜的走過，有時只是彼此相依偎共賞旖旎的月光。生活中的浪漫，平淡，但是久長。

浪漫也是出於對彼此的欣賞，而由衷的讚美愛人。對一個人的欣賞，是指對一個人的品格或能力的認同，相互欣賞則是指互相理解、認可、忍讓與包容。最初，兩個人正是由於相互欣賞才會在一起，可是隨著我們慢慢熟悉、不分彼此，往往忽略了對方的價值和優點。如果缺乏真心的讚美和鼓勵，那麼最初的讚美給彼此帶來的美妙感受和感激之情就會大大降低，直接導致的結果就是兩人的感情聯結變得微弱。

因此，多多鼓勵對方，把他看作一個值得讚賞的對象，告訴他你對他身上的某個特點非常欣賞，比如他良好的社交能力，不爲人知的小癖好，甚至是他健美的身體。經常在公共場合向他人誇獎你的妻子也是浪漫的表現形式之一。不論你處在什麼樣的公共環境中，請由衷的向大家誇獎你的妻子是個多麼出色的母親，她的新髮型是多麼的有魅力，她在工作中取得了多麼引人注目的成績，以及其他所有你對她的欣賞與感激。

浪漫需要質樸清純的性格，沒有一定的詩人氣質的人縱使被大雨淋透也體會不出浪漫。我們說某某人很浪漫，是指這人的生活不爲世事所羈，自由自在依自己的天性而生活。這往往是一個人表現出的性格。浪漫也是一種生活方式。浪漫就是在不知不覺中流露出來的真情真意，那是愛的體現，是做不出來的，而那時的所作所爲就是浪漫的展現。

浪漫純乎是一種靈性的浮現。浪漫更是一種心境。浪漫的行爲不是刻意追求所能得到的。這是一種很美好的心境，一種很美好的形象，當你對自然、對人、對事物深深地喜歡、用心愛著的時候，往往會悄然升起這種感受。刻意模仿別人，那不是源於自然，所以很難體會到這種心境，只不過是矯揉造作的模仿。

我們尋找浪漫，是想證明自己快樂的方式與眾不同；我們選擇浪漫，是爲了讓在一起的時光更加溫馨；我們製造浪漫，是因爲不想讓生活的沉悶把我們變得世俗；我們享受浪漫，是因爲它讓我們感受到了幸福。一生有浪漫相伴，才會永遠擁有幸福。給愛人製造浪漫吧！

人生行動指南：給愛人浪漫，給家庭幸福

看場感情浪漫的電影，體會愛情之花的美麗，懂得培育愛情的重要性。

找個時間，爲你的愛人製造一次浪漫，一次驚喜。

記下從中得到的感受，把浪漫延續，將幸福進行到底。

看望父母，做一個孝順的人

從前有一棵樹，她好愛一個小男孩。每天男孩都會跑來，收集她的葉子，把葉子編成皇冠，扮起森林裡的國王。男孩會爬上樹幹，抓著樹枝蕩起鞦韆，吃吃蘋果。他們會一起玩捉迷藏，玩累了，男孩就在他的樹蔭下睡著。男孩好愛這棵樹……好愛喔！樹好快樂！

日子一天天的過去…男孩長大了，樹常常好孤單……

有一天男孩來到樹下，樹說：「來啊，孩子，來，爬上我的樹幹，抓著我的樹枝蕩鞦韆，吃吃蘋果，在我的樹蔭下玩耍，快快樂樂的。」

「我已經不是小孩子了，我不要爬樹和玩耍，」男孩說，「我要買東西來玩，我要錢。你可以給我一些錢嗎？」

「真抱歉，」樹說，「我沒有錢。我只有樹葉和果實。孩子，拿我的果實到城裡去賣。這樣，你就會有錢，你就會快樂了。」

於是男孩爬到樹上，摘下她的果實，把果實通通帶走了。

樹好快樂。

男孩好久沒有再來……樹好傷心。

有一天男孩回來了，樹高興的發抖，她說：「來啊，孩子，爬上我的樹幹，抓著我的樹枝盪鞦韆，快快樂樂的。」

「我太忙了，沒時間爬樹。」男孩說。

「我想要一間房子。」他說。

「我想要妻子和小孩，所以我需要房子，你能給我一間房子嗎？」

「我沒有房子，」樹說，「森林就是我的房子，不過你可以砍下我的樹枝去蓋房子，這樣你就會快樂了。」

於是男孩砍下了她的樹枝，把樹枝帶走去蓋房子。

樹好快樂……

可是男孩好久都沒有再來，所以當男孩再回來時，樹好快樂……快樂得幾乎說不出話來，「來啊，孩子，」她輕輕的說，「過來，來玩啊！」

「我又老又傷心，玩不動了，」男孩說，「我想要一艘船，可以帶我離開這裡，你可以給我一艘船嗎？」

「砍下我的樹幹去造船吧！這樣你就可以遠航……你就會快樂。」樹說。

於是男孩砍下她的樹幹造了條船，坐船走了。

樹好快樂……

但是過了好久好久，那男孩又再回來了。

「我很抱歉，孩子，」樹說，「我已經沒有東西可以給你了……」

「我的果實沒了。」

「我的牙齒也咬不動蘋果了。」男孩說。

「我的樹枝沒了，你不能在上面蕩鞦韆了……」樹說。

「我太老了，沒有辦法在樹枝上蕩鞦韆。」男孩說。

「我的樹幹沒了，你不能爬……」樹說。

「我太累了，爬不動的。」男孩說。

「我真希望我能給你什麼……可是我什麼也沒了。我只剩下一塊老樹幹。我很抱歉……」

「我現在要的不多，」男孩說，「只要一個安靜可以休息的地方。我好累好累。」

「好啊！」樹一邊說，一邊努力挺直身子，「正好啊，老樹根是最適合坐下來休息的。來啊，孩子，坐下來，坐下來休息。」

男孩坐了下來，樹好快樂……

那棵樹就好像我們的父母，我們就好像那個小男孩。小時候，我們總是圍繞在爸爸、媽媽的周圍玩耍。漸漸地長大後會離開父母的身邊，而且不常回來，每次回來就是不快樂的時候，不然就是有什麼需要的時候，而常常父母都會把他們身上最好的、最符合我們需要的東西交給我們。而這時，我們總是拿了東西轉身就走，留下渴望我們留在他們身旁的父母。凝視著日漸縮小的背影，雖然如此，他們在心中卻是不斷的說著希望他會快樂，祝福他一路上順利、平安。當我們累時，他們就伸出雙手懷抱著我們，讓我們安穩的在他們的懷中休息，不受打擾。我們不斷從他們身上索取，但是他們卻都無怨無悔，而且還不求回報。爲了什麼使他們這樣做？只因爲愛。我們摸摸自己的心，我們是以什麼樣的愛去回饋給他們的呢？

人生在世，我們從咿呀學語到長大成人，至少有二十幾年的時間裡是在父母的保護和關愛之下。是誰教會了你說第一句話？是誰教會了你寫第一個字？是誰教會了你穿衣吃飯照顧自己？是誰給你買東買西供你上學？是誰會在你害怕時保護你？是誰在你膽怯時鼓勵你？是誰在你犯錯時規勸你？是誰在你受傷時擁抱你？除了父母，還會有誰願意把全部的愛都無償的給了你？

除了父母，還會有誰永遠愛你、關心你、保護你，直到他們生命的最後一刻？我們從父母那裡得到了無價的愛，以爲這都是天經地義理所當然，卻似乎從沒有認真想過自己應該回報給他們什麼。

中國有句古語：「百善孝爲先。」

意思是說，孝敬父母是各種美德中佔第一位的。一個人如果不知道孝敬父母，就很難想像他會是一個君子。父母的恩德既然如此深重，我們應怎樣做才能算是孝順呢？孝順也有不同的層次：一般的人對父母財物奉養，只是小孝；功成名就，光宗耀祖，使父母光彩愉悅，是爲中孝；讓父母遠離煩惱，永享天倫之樂，是爲大孝。

孝順必須是長期的，不是一時的：父母以畢生歲月爲我們辛苦奉獻，我們即使不能終身膝下承歡，也應該長期供養，使無所缺；孝順必須有實質，不是表面的：一是飲食，二是衣服，三是起居，四是疾病，五是悅親。孝順父母必須解決父母實際需要，不僅在衣食住行上無虞匱乏，在生老病死上有所依靠，還要給予父母精神上的和樂、心理上的慰藉。

諾貝爾化學獎得主、美籍華人崔琦出生在河南農村，父母都是大字不識一個的農民。但是，他媽媽頗有遠見，咬緊牙關省吃儉用，在崔琦十二歲那年將他送出村，外出讀書。這一走，造成了崔琦與父母的永別。後來他到了香港、美國，成了世界名人。

曾有人問崔琦：「你十二歲那年，如果不外出讀書，結果會怎麼樣？」

崔琦的回答大大出乎人們的意料，他說：「如果我不出來，三年困難時期我的父母就不會死。」崔琦後悔得流下了眼淚。

在他拚搏奮鬥的生涯中，他肯定不止一次的想過他的父母，也想過有一天一定能和父母相守在一起。但世事不盡如人意，驀然回首，父母已經離他而去。從此，無論人生怎樣輝煌，終究無法彌補父母已經不在的遺憾。

一位留學生前不久剛從美國歸來，他在美國工作學習都很順利，大家都以為他在美國定居是理所當然的事情了。但是他說，他本來也一直打算在美國定居的，父母也很支持他的決定。可是漸漸的，他沒有那麼心安理得了。因爲他看到他身邊的朋友不斷有人匆匆的回國，不是這個接到母親病危的電話，趕著回家探病，就是那個收到父親去世的消息，哭著回家奔喪。等他們再回到美國，一說起父母就是不盡的懊悔。他越聽越心涼。

這麼多年來，父母一直全力支持他求學，他也成爲父母的驕傲。可是這個讓父母驕傲的兒子，從十八歲到外地讀書開始，和父母相守的日子屈指可數。父母日漸老去，他何曾爲他們端過一杯水、煮過一頓飯、洗過一次衣服？在這種不斷的拷問中，他終於下了回國的決心。他說，對父母而言，子女在身邊是一種幸福，可是對子女而言，能夠陪著父母走完生命最後一段旅程，何嘗不是幸福呢？

對於父母，我們並非沒有孝敬之心。但我們常犯的錯誤是：等我有了錢一定好好孝敬他們，等我買了大房子一定接他們來住，等我忙過這段一定回家看他們……可是父母卻等不起我們啊！

某公司有位員工，每個週末都帶妻女回鄉下看望父母。有一次公司有一個娛樂性的聚會，同事們極力鼓吹他參加，說鄉下乏味得很，以後再找時間回去也可以。他卻笑著說，沒有父母會站在原地等你的。那個週末，大家都取消了聚會，不約而同的回了父母家。

你呢，肯犧牲自己的娛樂時間回家看看孤獨的父母嗎？肯在春節的時候忍受不便的交通，給父母帶去一點快樂嗎？

「一轉眼春節就在眼前了，內心是想回家看看的，但害怕來回路上受塞車之苦，就試著給老爸打電話說，春節可能不回去了。他老人家愣了一下，然後說，年輕人應該以事業爲重，就不要老想著回家。但是，從他的語氣中我可以聽出失望。因爲，我兩年沒有回家過年了，我知道，家裡的人盼望我回家過年。」

大學畢業後，王軍到離家鄉較遠的都市工作。父親早逝，身爲長子，每個月他都風雨無阻的回老家看望母親。後來，他戀愛、結婚、生子，開始每兩個月回一次家。再後來，他更忙了，有時甚至半年才回一次家，或者只有過春節時才回家看一看。最後，他連春節都在公司忙，一年連一次都見不到母親的面。終於有一天，他拋開繁忙的工作，準備回家看望一下母親時，母親已經永遠「睡」著了。

和王軍的故事一樣，趙廷華成家多年了，雖然和父母同住一個城市，但由於事情太多，老是抽不出時間回家。他覺得不管走到哪裡永遠都是父母的孩子，回家多一回少一回無所謂。某一天聽到一首歌，他突然間醒悟過來，原來自己錯了。

隨著人們生活水平的大幅度提高，老年人的生活需求也發生了很大變化，他們已不僅僅滿足於衣食無憂了，而是希望兒女能在身邊。

謝先生離開工作崗位已經很多年了，一說到現在的退休生活，臉上立刻露出了幸福的笑容，說：「剛退休那幾年，覺得非常不適應，終日無所適從。

後來，隨著老伴去學打太極拳，參加幾次之後，很快就從中找到了樂趣。我和老伴雖然快樂，但每到節假日，就非常羨慕鄰居家。他們家的子女和孫兒們都聚在一起，有說有笑，我們家裡卻是冷冷清清。唉！孩子們都很忙，他們都在外地工作，等著他們回家過年，是我和老伴最開心的事。」

可見，許多老年人在春節前都在等待孩子們回家團聚，希望全家人快快樂樂地過個團圓年。你忍心讓他們一次又一次的失望嗎？

也許你會抱怨，生活在現在這個繁忙的社會中的我們哪有那麼多的時間呢？更何況正處於事業起步階段的我們，要做的事還有很多。但再忙，也不是忘記父母的理由：再累，也不是搪塞父母的藉口。每個人都會老，當然父母比我們先老，我們要用角色互換的心情去照料他們，才會有耐心、才不會有怨言。

一天二十四個小時，除了自己用，都分給了工作、愛人、兒女和玩樂，你什麼時候撥過一點時間給父母呢？我們總是藉口自己很忙，實在找不出時間去關心父母。也許，只有直到失去時才後悔當初沒有珍惜。

忙碌奔波的人們爲生活奮鬥，不得不以犧牲與家人朋友共處的時間爲代價。但是，這種捨棄了溫情的奮鬥最後要的到底是什麼呢？工作、應酬、玩樂佔據了我們八小時睡眠之外的所有時間，最終，我們也許都會後悔當初爲什麼不拿出一點點時間和父母分擔喜憂。

曾經讀到這樣一個故事：一個非常愛家的女士每天都拿出較好的餐具準備晚餐。鄰居問她是不是天天都有客人到她家做客。

她笑著說：「父母是我最想善待的客人！」

究竟有多少人能夠如此重視父母的感情呢？我們似乎總在向父母索取，物質上和精神上都只是索取，難得回報，我們忘記了用心呵護最應該珍惜的感情。

真的，請撥出一點時間給白髮爹娘，馬上送上我們最誠摯的關心與問候吧！雖然它可能很小，但是相信它能帶給我們所關心的人、甚至是我們自己一份感動。父母也需要溫情的滋潤和灌溉的，再也不要以「沒時間」做藉口推脫了。不要失去了才後悔當初沒有珍惜，因爲失去了就可能永遠不會再來！

花一點心思去看望父母和孤獨的人吧！父母就像是小孩子，如果幸福的你有父母雙親而又沒有太多時間去關心他們，那就經常給他們打打電話，向他們道一句平安，說說你的快樂與開心，這樣他們也會爲你開心，時不時的再請求一些他們的幫助，當然是那些簡單的事，好讓父母有不被遺忘的感覺，覺得自己還是很有用的，這樣他們會很開心。

老人家最怕寂寞，他們最需要的是子女的關懷。父母是最無私奉獻的人，你常去看望他們，他們就很開心了，父母要是打電話問你忙不忙，實際只是想你了。多陪陪父母吧！

孝敬父母，因爲他們曾給予你太多太多，因爲他們一直無條件的相信你、愛護你、支持你；孝敬父母，因爲你也終將爲人父母，因爲你需要幫助他們走完人生最後的旅程。愛你的父母，就像他們永遠愛你那樣。

生活在現代社會的我們，就像是被捆綁在一架高速運轉的機器上。不知不覺中我們是否疏遠了那份真摯的情感？父母親的牽掛是那樣的純潔、無私和默然，如夜晚天空中的明月，柔靜的照耀在兒女們的心中。當我們品味了老人的牽掛，體味了懊悔後，才能明白他們的良苦用心嗎？

子欲養而親不待，這種巨大的遺憾還持續發生在很多人身上。如果你還幸福的擁有父母之愛，那麼請別忘了，百忙中抽出時間，回家看看他們。

人生行動指南：看望父母，做個孝順的人

在你空閒之時，靜下心，想想在遠方的父母，想想他們的愛。閱讀一些關於父愛母愛的書籍雜誌，提醒自己不要忘記父母的艱辛和無私的培育之心。

做個計劃，安排一些時間，看望你的父母，讓他們體會到你的關心和照顧。

讓這種行動成爲一種習慣，持之以恆。

工作前，探望一下你的恩師

上天在你的人生旅途上安排各種恩師。也許他們和你的相貌不同、聲音不同，也許他們都不是你期望的類型。但重要的是，他們的見聞比你淵博，這就是你應該向他們學習的理由。如果你到現在還沒發現恩師，那也沒關係，只要睜大眼睛，恩師一定會和你相逢，將會傳授你必須學習的經驗教訓。

離開美麗的校園已經多年，生活一直很忙碌，只是常常會在不經意間就想起曾經學生歲月裡的一些事情，還有某個老師曾說過的一句話。

晚上七點多鐘，沙豐諾夫朝火車站走去。當他走到無軌電車站附近時，抬頭看到了自己讀中小學時的學校——一棟黑沉沉的四層樓房。這樓房依然佇立在老地方，和他童年時候見到的一樣，和許多年前一樣。

這就是他坐在書桌旁度過許多學習時光的地方，他帶著激動而又好奇的心情看著這座昏暗的樓房，突然發現右邊角落裡射出紅色的燈光。難道瑪麗雅老師還住在那兒？瑪麗雅是他小學時候的數學教師，以前就住在這裡。他曾經是她最寵愛的學生，瑪麗雅老師確信他在數學方面前途無量。沙豐諾夫沿著林蔭道走過去。他與老師多年不見了。她現在是否還住在這兒？是否還活著？如今怎麼樣了？記憶中有多少事情與瑪麗雅老師聯繫在一起啊！沙豐諾夫小心翼翼的走上了台階。他想敲門，但是門開著，走進去一看，房間裡沒有人。

在他的身後有人說話：「是誰在那裡呀？」

沙豐諾夫回頭一看，在門口站著一位個子不高的清瘦女人，他立刻便認出是瑪麗雅老師。

沙豐諾夫低聲的說：「老師，您認不出我啦？」

她就像對待學生家長那樣，用嚴肅而有禮貌的聲調說：「請坐。」

「您還認不出我？我是……」

她用幾秒鐘的功夫從上到下的仔細打量著他，稍帶驚恐的說：「帕沙‧沙豐諾夫……帕沙！請坐，請坐，坐到這兒來，坐到桌子旁邊來，帕沙！是你來啦！」

他們在桌旁坐下，瑪麗雅老師高興的說：「好啦！帕沙，先談談你自己，你現在在做什麼？做得怎麼樣？不過，關於你的事，我可知道得不少，是從報紙上看到的。你寫的書我也讀過。你結婚了沒有？」

她急急忙忙的提了一大堆問題，沙豐諾夫回答說：「我已經結婚了，瑪麗雅老師。」

她甜蜜地看了他一眼，道：「你幸福嗎？」

他回答說：「很幸福，我有一個兒子。」

她還沒有完全聽清楚，接著又說：「好啊！工作怎麼樣？你在做什麼設計？做得怎麼樣？成功了嗎？」

「暫時還不知道，瑪麗雅老師，咱們還是談談過去，說說學校吧……」

「我很清楚的記得你們班有一群頑皮又有才能的男孩子。我還記得你與維佳斯涅基列夫之間的友誼。」

「瑪麗雅老師，還記得您給我的代數打過兩分嗎？好像是五年級的時候。」

「記得，那是因爲你沒寫作業。數學這門課你學得特別好，但是你很懶。」

她往茶杯裡倒入茶水，放進茶匙，想了一下問道：「還記得米沙・舍赫契爾嗎？」

「他當上了記者，」瑪麗雅老師慢慢的說，「到全國各地去出差，還出國。我經常看到他寫的文章，也常常想到他。」

「他來過嗎？」

「沒有。」

「是啊！我們都各奔東西了。」沙豐諾夫接著說，「聽說維佳在烏拉爾當廠長。瑪麗雅老師，有誰來看過您嗎？您遇到過我們班的同學沒有？您見過戈里沙・沙莫依洛夫嗎？他當了演員，還記不記得您對他說過他很有才能？」

「帕沙，我只在電影裡見過他。」

「難道他沒有來過嗎？」

「沒有，沒來過。」

「瑪麗雅老師，我很想知道，有沒有誰給您寫過信？」

「沒有，帕沙，」她說，「柯良・西比爾呆夫經常到我這裡來。他生活得很困苦。他經常來。」

師生二人都沉默不語。沙豐諾夫感到很不自在，在默默無言中，他看到瑪麗雅正往書櫥裡看。他也跟著看書櫥，在第一排書架上發現了他寫的關於飛機製造方面的書。

「瑪麗雅老師，在您這裡有我寫的書？」說完，他立刻停住嘴，他記得他並沒有把這書寄給老師。

「是的，我讀過啦！」

沙豐諾夫站起來，把自己寫的書從書櫥中拿出來，很難爲情的說：「瑪麗雅老師，我在書上給您簽個字，可以嗎？」

沙豐諾夫不記得在書上寫了些什麼話，但是他清楚的記得他和老師是怎樣分手告別的。瑪麗雅老師走出來送他。

他沉默無語，老師也沉默了一會兒，然後突然問道：「帕沙，告訴我，在你的著作中有沒有一點點我的功勞？」

「瑪麗雅老師，您說到哪兒去了呀？」他喃喃自語道，「如果不是您……」

她直接看著他的眼睛說道：「你以爲我不高興嗎？不，像你這樣的貴客到我這裡來過，我明天就講給我的學生們聽……去吧，帕沙，祝你取得更大的成就，祝你幸福……」

他們分手了。他很快的走進公園的小路。回頭一看，瑪麗雅老師還站在台階上。

回莫斯科的路上，沙豐諾夫怎麼也平靜不下來，心中充滿火辣辣的羞愧感。他想到多年前一起學習過的所有同學，希望得到他們的通信地址。隨後，他又想給瑪麗雅老師寫封信，但是他無比羞愧的想：他竟不知道老師家的門牌號碼！

當火車停到一個大站的時候，沙豐諾夫帶著沉重的心情走出車廂，按學校的地址給瑪麗雅老師拍了一封電報。電報中只寫了這樣五個字：請原諒我們。

「如果你認識這行字，請感謝你的小學老師。」

寫在紐約一輛小車上的這句話，比它的輪子還快的感動了不同國度的不同職業的人們。尊師重教，是人類的傳統美德。教師之於學生的影響，也許僅僅次於父母之於子女。爲人弟子者，無論地位如何顯赫，財富如何巨大，都不可忘記恩師的培育之恩和指路之功。一個人如果不知對老師感恩，必定也不會重情重義！

其實，在每個人心底，「傳道、授業、解惑」的恩師都會被細細珍藏。「恩師」二字，不知引發了多少酸甜交織的回憶和無以言訴的感激。然而，畢業後，你四處奔波，雲遊天涯，你偶爾會在夢中看到恩師漸多的白髮，但你是否曾沿著學生時代那熟悉的小路，去拜訪一次你的恩師？

曾經看過一篇學生給恩師的文章，感情真摯，對恩師表達了自己的無限感激：

「我們師生從十幾年前談到現在，從工作說到生活、論到人生，漫天談論。談到生活，您讓學生進一步體驗了要把目光放遠，不要只看眼前，身邊活生生的事例當引以爲戒；工作中學生知道了當立足起點，把握好教學，教學是我們教師的看家本領，是作爲一個教育工作者的起點，是發展的基礎，只有基礎打好了才會無後顧之憂，才能走得更遠；對待班級、學生必須有一個完整的管理規則，相信您的學校工作蒸蒸日上，正是因爲您管理有方；對待同學、朋友要保持良好的關係，沒事大家要互相關心，有事大家要互相幫助；在人生視野上，您讓我知道了不要把目光只盯在單純的自我教學上，要走出去看一看、學一學，取人之長補己之短。要善於反思、總結，要學會積累，更要厚積薄發，用自己的真情實感融入寫作，學習寫教學總結反思，寫部落格。當時面對您，學生撒了個謊，其實教學反思、總結這兩年來我一直都在寫，已積累了兩本，讀書心得一本，部落格我也一直在寫，並且也在開展『合作和競爭』的教學實踐課題研究。」

「恩師，放心吧，我不是甘於落後的人，一定會廣泛交際，善於學習，不斷積累，開闊視野，在學校融入教育、融入學生中，因爲只有全心的投入，才會成就學生成就自己；走出學校跳出教育看教育，因爲教育的發展始終受政治與經濟發展的制約和決定，有清醒的認識和應對，發展自己！學生會時刻提醒自己開闊視野，善於學習，不斷總結、積累、反思，不做原來的井底之蛙，坐井觀天，鼠目寸光，害人害己。」

「恩師，和您談話，跟您學習，學生的收穫太多太多了，說也說不完……點點滴滴都滲入學生的思想中了，在以後的工作中學生會一點一點的去實踐的。」

「恩師，關於未來，我們誰也說不準。您對未來的那麼多的擔心是多餘的，但對未來的憂患意識是不可滅的，就像您說的放開膽量，把握現在才是最重要的。有憂患意識，放開胸懷，把握好現在，這樣可以使自己避免完全被命運安排，自主的把握命運，沿著發展的路走下去。」

一個人完成從小學到大學的全部學業，遇到的授業老師不下於幾十位。他們當中有的對你諄諄教誨，視你如子侄，傳你以衣缽。對於他們，你也要像子女對待父母一樣，一生一世恭敬有加。

是的，恩師是高尚的，是無私，是永恆的，是值得我們一生感激的。

他們當中有的與你並無特別的情誼，但是他們盡職盡責，無愧於一個教師的光榮，同樣值得你的尊敬。正是他們教會你學習的方法，解決你許多疑難，糾正你許多錯誤；使你在學習的過程中，少走了許多冤枉路，節省了不少的時間。你要把這些教師的名字牢牢的記在心裡，在每一個重要的節日裡，給他們寄一張明信片，附上衷心的祝福和真誠的感謝。

他們當中有的甚至沒有教過你的課程，只是在某一個特殊的場合，比如他的一次演講或幾句善意的批評，只要對你的學業或你的人生有些幫助，你都要深深的感激他們。

恩師給了你知識，給了你智慧，給你飛翔的臂膀。請你在工作之前，探望一下你的恩師。

人生行動指南：工作之前，探望你生命中的恩師

列個單子，寫出你人生求學道路上所遇到的恩師。

在工作之前，騰出一些時間，安排探望你生命中的恩師，表達你的一份感激和謝意。

留下他們的聯繫方式，在工作之餘，與他們保持聯繫，讓感恩和授業不斷延續。

給父母寫一封信，表達你的愛意

《紐約時報》曾經在醒目的位置刊登了「九一一」災難中一位美國公民的生命留言：媽媽，我愛你！

也許故事離我們很遠，然而親情卻離我們很近。在我們離開親人的庇護，開始在人生路上忘情攀登的時候，別忘了隨時告訴爸爸媽媽，你愛他們，愛他們，用一通電話，用一封信……

你的課業太過繁重，以至於忘了自己的生日。早上剛醒來，接到母親的電話，母親說，祝你生日快樂，別忘了吃碗壽麵。你心中一陣暖流，最愛你的，最牽掛你的，還是自己的母親，不管身處何方，不管距離多遙遠。然而你終於想起來了嗎？多年前的今天，是母親把你帶到這個世界，她受了巨大的痛苦，甚至與死神擦身而過……

曾聽說過這樣一個故事：一對夫婦是登山運動員，爲了慶祝他們兒子一週歲的生日，他們決定背著兒子登上七千米的雪山。

他們刻意挑選了一個陽光燦爛的好日子，一切準備就緒之後就踏上了旅程。剛天亮時天氣一如預報中的那樣，太陽當空，沒有風沒有半片雲彩。夫婦倆很輕鬆的登上了五千米的高度。

然而，就在他們稍事休息準備向新的高度前進之時，一件意想不到的事發生了。風雲突起，一時間狂風大作，雪花飛舞。氣溫陡降至零下三四十度。最要命的是，由於他們完全相信天氣預報，因而忽略了攜帶至關重要的定位儀，由於風勢太大，能見度不足一米，不管是上或下都意味著危險甚至死亡。倆人無奈，情急之中找到一處山洞，只好進洞暫時躲避風雨。

氣溫繼續下降，妻子懷中的孩子被凍得嘴唇發紫，最主要的是他要吃奶。要知道在如此低溫的環境之下，任何一寸裸露在外的皮膚都會導致體溫迅速降低，時間一長就會有生命的危險。怎麼辦？孩子的哭聲越來越弱，他很快就會因爲缺少食物而被凍餓而死。

丈夫制止了妻子幾次要餵奶的要求，他不能眼睜睜的看著妻子被凍死。然而如果不給孩子餵奶，孩子就會很快死去。妻子哀求丈夫：「就餵一次！」

丈夫把妻子和兒子攬在懷中。儘管如此，餵過一次奶的妻子體溫下降了兩度，她的體能受到了嚴重損耗。

由於缺少定位儀，漫天風雪中救援人員根本找不到他們的位置，這意味著風如果不停，他們就沒有獲救的希望。

時間在一分一秒的流逝，孩子需要一次又一次的餵奶，妻子的體溫也一次又一次的下降。在這個風雪狂舞的五千米高山上，妻子重複著平常極爲簡單而現在卻無比艱難的餵奶動作，她的生命也一點一點的消逝著。

三天後，當救援人員趕到時，丈夫已凍昏在妻子的身旁。而他的妻子——那位偉大的母親已被凍成一尊雕塑，她依然保持著餵奶的姿勢屹立不倒。她的兒子，她用生命哺育的孩子正在丈夫懷裡安然的睡著，他臉色紅潤，神態安詳。

在你生日的那天，你所想到的大多是自己的幸福和自己的願望，你坦然接了受親朋好友的祝福，而你想過沒有，你的生日與你的父母緊緊相連，是他們給了你生命，並用最無私的愛澆灌你的生命，沒有他們，就沒有今天的你。

父母的愛是人世間最溫和最無私也最持久的愛。當你還是一個生命胚芽時，這一份濃濃的愛意便開始環繞著你。

相對於父愛的深沉，母愛顯得更加壯烈。爲了你，她要經歷十月懷胎的艱辛和分娩陣痛的苦楚。你出生以後，她還要十幾年如一日的養育你，而且毫無怨言。

你在慢慢的長大，而父母卻在慢慢的衰老。你開始厭煩她的嘮叨，並用命令的口吻對她說話。他們卻依然寬容的面對你的指責。也許你並不知道，他們非但沒有因此感到委屈，反而爲此欣慰，因爲他們覺得你已經長大了，說話像一個男人的口氣。父母最擔心的，是自己的兒子不能頂天立地。

到你真的頂天立地的時候，父母卻變得膽怯。可憐的他們，居然擔心這份偉大的愛會給你帶來麻煩。而事實上，你也真有可能會因此不快。譬如說母親給你織了一條漂亮的圍巾，你也許會因爲那艷麗的顏色而棄之不用。這對你來說這只是一次小小的選擇，而對母親來說卻是一次不小的傷害。

別再讓你的父母受傷了，請張開你健壯的臂膀，摟住他們瘦弱的雙肩，用你的行動告訴他們：你一直都在深深的愛著他們。

孩子們習慣了父母的給予，直到父母不能給予之時，他們都認爲這是再正當不過的。且在父母看來能夠爲自己的孩子做些力所能及的事永遠是一種快樂。一旦父母和孩子兩方都這麼認爲，這種關係是不是就變成了一方的付出和另一方的享受呢？這是一種平衡的關係嗎？

父母對孩子十分的愛需要孩子們回報的，哪怕是一分，但是孩子們又是怎樣去回報的呢？在現在看來可能集中在一個問題之上，孩子該怎樣表達自己對父母的愛？是不是在自己成人之後繼續接受父母的關懷乃至幫助就是一種愛的表達呢？雖然在父母看來，老年的時候與兒女生活在一起且能繼續幫助兒女不失是一種幸福，但是這種付出的幸福對父母公平嗎？父母爲兒女操勞了一生，他們在晚年還要繼續這種付出中的幸福嗎？作爲兒女，對於父母這種額外的付出該如何的回饋呢？是否要毫不含蓄的直接向他們表達你是愛著他們的？當閒暇之時你是否能突破含蓄的感情敢於表達呢？當繁忙之時你是否就藉機懶於表達，或者習以爲常的認爲父母仍在爲自己操心就是一種愛的表達？

無論哪種方式，最重要的只在於那句經典的老話「樹欲靜而風不止，子欲養而親不待」。在你生日那天，請更多的想到你的父母吧！想想母親愛憐溫柔的眼睛，想想父親永遠寬容的懷抱，想想他們無怨無悔的曾經歲月，想想他們隱隱出現的白髮和日漸蒼老的容顏……

張爺爺夫妻倆前些年相繼退休，現在老倆口每月都能各領到五六萬元的退休金，身體也算壯實，而且居住在近百坪的房子裡，過著吃喝不愁、行動自由的日子，應該是一個幸福快樂的晚年。但實際上，張爺爺老倆口過得並不快樂，原因在於張爺爺有三個兒女，個個都有能力有本事，成家立業後，不再稀罕「老宅」了，都在外面築起了自己的「愛巢」。開始時，老倆口還爲兒女們有能力創事業感到高興和驕傲，但隨著孩子們回來的次數越來越少，間隔時間越來越長，老倆口開始感到孤獨和寂寞。爲排除孤獨感和寂寞感，他們也去參加一些老年團體舉辦的娛樂活動，白天在活動中雖然可以忘卻一些孤獨和寂寞，但晚上在家裡，原來一家子人其樂融融的情景時常浮現在眼前。有時白天在外看到人家一家子快快樂樂在一起，回來時隨情觸景反差更大。就這樣，老倆口茶不思飯不入，身體日漸消瘦。

兒女們偶爾回家探望，看在眼裡急在心裡，因爲大家的確都太忙了，且各自的家都在離老家較遠的大城市中，常回去陪父母是不可能的，打電話雖方便，但與父母生活習慣上的時差和「快餐式」的交流，總難解父母思念子女的情「渴」。後來，還是老倆口的女兒從《一封家書》的歌曲中受到啓發，父母掛念的不就是兒女的平安嗎？兄妹三個商議，以後每個人都像讀大學時那樣，每月至少給父母寫一封信，向父母報個平安，寫寫工作、生活和家庭情況，有時間再談談父母關心的問題和城市趣聞。

不久，張爺爺的兒女們發現，每次回家探望，父母第一句話就是興高采烈的說：「沒時間就少回來，你們的情況在信裡都知道了。」

現在，張爺爺和老伴又胖實起來了，精神也抖擻起來了，逢上知己就會說上幾句我的孩子現在如何如何……

老年人隨著年紀的增加，社會活動範圍越來越小，親情成了老年人精神慰藉的主要源泉。或許你會偶爾回家或用電話與父母交流，但你不覺得每次回家與父母相處的時間遠少於應酬朋友的時間嗎？不覺得你每次說要掛電話時，父母都興致正濃嗎？閒時或深夜拿起你的筆，讓真情流淌於字裡行間吧，這不僅是給父母一個滿足的慰藉，也是兒女們精神的充分釋放。家書是親情聯絡不可替代的好方式。

如果你已超過了三十歲，如果有一天你被命令道：「在一周內寫封信給父母，告訴他們你愛他們。」你會有何反應？感到震驚？有些反感？不以爲然？覺得難爲情？還是立刻去做？

給你一個忠告：立刻去做吧！不要遲疑！你也許從未對你年邁的父母表達過你對他們的感情，你也許時常以忙碌作爲無法去看望他們的藉口——對他們說：我愛你們！你若是遲疑著不做，可能就會失去機會，老年人的生命是脆弱的。

很多中國人都不習慣將感謝、關愛放在嘴上，人們表現得堅強、獨立、陽剛，淚水都非常珍貴。見面後，只是禮貌性的打個招呼，其實，在內心深處我們都知道彼此是關心的，但我們都將這種感情收藏得好好的，生怕那點溫柔顯現出來。心裡都明白這是典型東方人的態度，父母與子女之間是含蓄的，他們認爲把感情說出來反而會變得很尷尬。

但人的一生是一個相互關心、關愛的過程。語言的交流是非常重要的，因爲每個人「愛的需要」被滿足是體現在多方面的。不要讓別人只是用「猜想」知道你的關愛，而是要讓對方時時感受到你的心意，這就要靠你自己親自傳達給對方。愛，就要打開你的心門，讓它自由的流淌，讓對方看得到、聽得到、感受得到。

不要以爲向親人示愛只是單純的使他們獲得快樂，你也會從中得到巨大的精神愉悅。鼓起勇氣對父母敞開心扉說出你的愛與關懷，不要到一切都沒機會說了而遺憾悔恨！大聲說出你的愛，這不是件很難的事。立即去做，不要遲疑。

所以，在你生日的那天，請給父母寫一封信，告訴他們，你對生命的感激和體會；告訴他們，你一直知道他們的愛，你將永遠愛他們。

人生行動指南：給父母寫一封信，表達你的愛意

空閒之時，想想你的過去，想想曾經享受過的父母慈祥的愛。把他們的愛和你的點滴感觸記錄下來，盡量詳細具體。在你生日那天，提起筆，給你親愛的父母寫封信，感情真摯，真誠表達你的無限感激與愛意。

請你的鄰居來家裡做客

有一個故事，曾讓許多看似冷漠的人看了之後心中爲之一震。故事發生在一個寧靜的住宅區五樓，莫恩老夫婦家。

「這些是什麼東西？」莫恩太太看了一眼丈夫手中拿著的一張小紙條。

莫恩把小紙條放在桌子上，「如果我請鄰居們來喝一杯茶……」他指著紙條上的字，念著。

紙上是一幅畫。左上方是一個垂首微笑的太陽；太陽下是一幢又一幢的城市大樓，窗戶有的關著，有的打開著；窗子如果打開，便有一個或兩三個人探出半身來，和另一扇窗子裡的人微笑、握手或談話。他們均有愉快的面容，十分高興見到鄰居；屋頂上，彩色氣球升起來了，爲了增加節日的氣氛；天空中，白色的鳥兒在飛翔，爲了表示自由和舒暢。紙條上的文字：「親鄰行動，屋宇節——如果我請鄰居們來喝一杯茶！」

「這是什麼意思？」莫恩太太仍舊不明白，等待丈夫作詳細的解釋。

莫恩告訴她，社區的超級市場發動人們過一個新的節日，名爲屋宇節，希望住在同一棟大樓的人，在六月九日這一天，互相邀請，見見面，同喝一杯茶。這就是親鄰行動。超級市場印了一些紙條，免費發放，人們可把它們用作邀請卡。

莫恩把紙條翻過來，「你看，背後便是邀請卡，印了時間、地點、邀請人、被邀請人等欄，只待填寫。」

莫恩太太睜大了眼睛，「你的意思是說，我們要做主辦人，邀請這棟樓的住戶來我們這兒喝茶？」

莫恩笑嘻嘻地反問：「爲什麼不可以？」

嫁給這個男人已逾十年，做妻子的仍舊認爲：莫恩是一個她難以明白、不容易瞭解的人。

幸好莫恩太太雖然不能完全瞭解丈夫，但她憑著直覺，相信丈夫在表面的童稚下，藏著一顆珍貴的人性的心。只是關於親鄰行動，做妻子的卻很難和丈夫有同樣的熱心。超級市場之所以發動大家過這樣的節日，不外是替店家做宣傳，主要目的是希望人們前來購物。不熱衷的莫恩太太爲了不違丈夫的意，也只好拖著購物小車子，去超級市場購物。莫恩早已花了一個上午時間，在邀請卡上塡寫了各鄰居的姓名、喝茶的時間和地點。他一共塡寫了二十張，並把它們分別放進各住戶的信箱裡。

莫恩太太歎了一口氣，她擔心到時候一個鄰居也不會出現。在這棟大樓居住已有兩年，她只認得幾張臉孔。在電梯中或信箱的前面遇見時，大家客氣的說一聲「早安」，如覺得有交談的必要時便說今天的天氣真好，或是不好，更進一步的便說明天的天氣可能更好或更不好。除此之外，莫恩夫婦不認識鄰居，鄰居也不認識他們。如今他們要響應親鄰行動，做主辦人，鄰居們會怎樣想？有些什麼反應？他們會應約前來嗎？

莫恩太太的擔心是完全有道理的。

首先，打開信箱的只有十九人。有一戶人家早已遷出。其餘十九人，有十二個把邀請卡和其他信件及廣告掏出後，粗略的看一眼，認爲邀請卡是廣告之一，便順手把它和其他廣告丟進垃圾桶中。餘下七個開信箱的人，看到卡上所寫的邀請日期、時間和地點——莫恩夫婦家。

誰是莫恩夫婦？有三個人茫然了，他們肯定這是某人在開玩笑，不值得理會，不用和家人提起，把邀請卡丟進家中的回收桶裡，轉一個身，完完全全忘卻了此等無聊的小事。

有兩家人在六月九日晚上早有約會，他們是沒空的，即使他們相信邀請卡不是一個玩笑，也實在無法參加。當然，如果他們是有禮貌的人，是應該回覆一張小紙條或小卡片，多謝邀請，並道歉一聲，說真是不湊巧，他們偏偏在這個晚上有約會。但他們沒有這樣做。並非缺乏教養，而是覺得像這麼鄭重的回覆，總顯得有些彆扭。邀請人大概想著願者自來，不願或不能來的便不來好了，是不會等待有人回覆的。

其餘的兩戶人家，曾在超級市場內看過這些邀請卡，知道有『親鄰行動』這件事，他們想：商店的宣傳手法實在層出不窮，沒想到竟有人如此認真！他們大概知道莫恩夫婦是誰，即使雙方從來沒作正式的交談。姓黃的那一家認爲莫恩夫婦，特別是莫恩，顯得有點怪怪的。姓杜的那戶人家，對莫恩沒有特別的不滿，看著邀請卡，無法決定是否去赴會，他們不外是害羞。他們害怕和人打交道，如被迫在社交場合中露面，杜氏夫婦永遠是沉默無言。他們有兩個小孩。性情和父母完全相反，整天不斷發出聲音，更愛推移傢俱，攪亂擺設。杜先生和太太，怎敢把這兩個孩子帶往不熟識的人家中。他們相信莫恩的誠意，但不能赴會，自有他們不得已的苦衷。

六月九日。莫恩夫婦忙碌了大半天。

首先，要把廳空出來，讓客人有走動的地方。他們合力把書桌沙發椅等全推近牆，騰出空間，擺放了折椅。當然，如果全體住戶一同出現，絕對不會有足夠的椅子供他們坐下來，至少有一半人需要站著。

「像遊園會那樣！」莫恩笑著說。

在客廳的一邊，他們放下餐桌，鋪了一張華麗色彩的桌布，桌上放滿各式飲料，有果汁、紅酒，也有自製的雞尾酒；碟子和碗裡，盛著零食小吃：花生、餅乾、蛋糕、糖果……莫恩夫婦沒有忘記在飲料和食物中放一個大花瓶，瓶中插著開得燦爛的紅玫瑰。他們的陽台上，也有一株玫瑰花樹，六月正是花開的季節。

今晨，妻子把一束玫瑰剪下來，心想：「要是一個人也沒出現……」

在六月九日這一天的黃昏，莫恩的妻子擔心的是有沒有鄰居應約前來，她不願意看到莫恩失望的表情。她把玫瑰花插好了，再沒有其他事情可做。夫妻相看一眼，像是互相鼓勵和安慰，各自挑了一張椅子坐下來，各人打開一本書閱讀，開始等待。

半個小時過去了。陽台上，偶然飛來一兩隻灰鴿子，大概是累了，在欄杆上歇歇腳，但是不久又飛走了。

一小時過去了，西方的天色，雖仍晴亮，但已隱隱的透著一點兒金黃。難道黃昏真的要抽身離開。讓莫恩夫婦度過一個寂寞又難堪的晚上？

妻子不敢開口說什麼。再等一會兒，至少等到晚上七點鐘？她已不相信會有鄰居出現，邀請卡上寫的是下午五點。她再看一眼掛鐘（怎麼掛鐘的滴答聲音比平時來得更響？），六時三十分。她想：再等上半小時。她便要把所有飲料、零食等拿回廚房，把傢俱重新歸位，使客廳恢復本來的樣子，然後……她可有做晚飯的心情？還是向丈夫提議：兩人出外，度過這一個晚上？丈夫能接受現實，不太傷心嗎？

快七時了，妻子偷看莫恩一眼，他平靜地站在陽台上，看著遠山；西方的天際，掛上一片輕巧的紅霞。

突然，門鈴響了，妻子被嚇了一跳，她來不及通知陽台上的丈夫，趕緊去開門，像害怕走遲一步，門外的人便會消失。是哪一個鄰居來赴約呢？不會是推銷員吧？她把門打開，一個和氣的中年男子站在門外，是她從沒見過的一張臉孔。她想：我當然不認識住在這棟大樓內的每一個人……但他真是應約前來嗎？

對方像猜中她的疑惑，微笑著先開口了：「我是剛搬來的新鄰居，謝謝你們的邀請。我可以進來和你們喝一杯茶嗎？」

女主人幾乎是感激涕零了：「請進來啊，請進來啊！」

來客踏步進門，莫恩妻子把門帶上，一轉身，看到來客的背，她愣住了。

來客的背上，發著光，她清楚的看到一雙小小的、白色的翅膀。

她失聲的說：「你……」

對方「噢」了一聲，「我忘了！」以手輕拍肩膀。翅膀消失了。

莫恩妻子掩著口，「你是……」

對方把右手的食指放到唇間，「噓……」再輕聲的說，「告訴莫恩，客人來了！」

莫恩的熱情被忙碌的鄰居漠視，然而，即便是天使，也被這日漸消失的溫情打動了，於是，它應邀來到莫恩家喝下午茶。

那麼，你請你的鄰居到你家裡喝下午茶了嗎？

家的概念，不應該只局限於大門之內一百平方公尺左右的小小空間。如果你不進家門，就找不到家的感覺，這也是相當可憐的。

現在都市化的規模不斷擴大，都市的人口日漸增多，生活空間越來越擁擠。但是我們卻悲哀的發現，我們是越來越孤獨。出現在我們身邊的全是陌生人，我們甚至不知道，與我們對門的鄰居到底姓甚名誰。我們甚至還聽說過這樣的故事，一群小偷公然用卡車把一戶人家的傢俱搬空了，鄰居們居然以爲這只是搬家。這不是一個笑話，而是一個巨大的諷刺。

由於人與人之間關係的冷漠，都市中的人普遍是沒有安全感的。我們給窗戶裝上鋼柵，大門裝上厚厚的鋼門。結果整天對鑰匙提心吊膽，生怕一不小心丟了，落得個露宿街頭。而有時如果一不小心把自己反鎖在家裡，那也同樣麻煩，因爲鄰居聽不到你的喊話，即使聽到了也懶得理你。

以前都市人到鄉下，自豪感會油然而生。但是現在，鄉下人一聽到進都市就皺眉，他們過不慣都市中這種寂寞的生活。農村的人際關係明顯要比都市人融洽，整個村子的人都互相認識，而且拐彎抹角總能帶點親戚關係。如果一家人要外出，往往只是把木門扣上就走，孩子回家發現沒人給他做飯，只要坐在大門口乾嚎幾聲，很快就會被鄰居帶回去餵得飽飽的。

營造良好的鄰里關係，會給生活帶來極大的方便。但是很多男人都固執的認爲，改善鄰里關係是女人的事情，因爲女人心細。恰恰相反的是，男人才應該負起這個責任。因爲改善鄰里關係就像追求愛情，只有主動而真誠的進攻，才會獲得熱烈的回報。

真誠的邀請你的鄰居來家裡做客吧！

人生行動指南：請鄰居來做客，建立鄰里交往

做一次計劃，安排你的鄰居來家裡做客。

瞭解鄰居們的喜好，做出仔細的安排，給他們一種誠心和熱情的感受。

與對方約個時間，如期歡迎他們的到來。

坦誠交流，營造一種輕鬆、和諧的氛圍。

永遠信任你的家人

很久很久以前，有一對新婚夫婦生活非常貧困，往往要靠親友的接濟才能活下去。

一天，丈夫對妻子說：「親愛的，我要離開家了。我要去很遠的地方找一份工作，直到我有能力給你過舒適體面的生活才會回來。我不知到會去多久，我只求你一件事，等著我，我不在的時候要對我忠誠，我也會對你忠誠的。」

很多天後，男人來到一個正在徵人的莊園，他被錄用了。

他要老闆答應他一個請求：「請允許我在這裡想做多久就多久，當我覺得應該離開的時候，您就要放我走。我平時不想支取報酬，請您將我的工資存在我的賬戶裡，在我離開的那天，您再把我賺的錢給我。」雙方達成協議。

年輕人在那裡一工作就是二十年，中間沒有休假。

忽然有一天，似乎聽到神的召喚似的，於是他對老闆說：「我想拿回我的錢，我要回家了。」

老闆說：「好吧，我們有協議，我會照協議辦的。不過我給你兩個選擇，一是我給你錢，你走人；二是我給你三條忠告，不給你錢，然後你走人。你好好想想再給我答覆。」

他想了兩天，然後找到老闆說：「我想要你那三條忠告。」老闆提醒說：「如果給你忠告，我就不給你錢了。」

年輕人堅持說：「我想要忠告。」

於是老闆給了他三條忠告：第一，永遠不要走捷徑。便捷而陌生的道路可能會要了你的命。第二，永遠不要對可能是壞事的事情好奇，否則也會要了你的命。第三，永遠不要在仇恨和痛苦的時候做決定，否則你會後悔一生的。

老闆接著說：「這裡有三個麵包，兩個給你在路上吃，另一個等你回家後和妻子一起吃吧！」

在遠離自己深愛的妻子和家庭二十年後，男人踏上了回家的路。

一天後，他遇到了一個人，那人問他：「你去哪裡？」

他回答：「我要去一個沿著這條路要走二十多天的地方。」

那人說：「這條路太遠了，我認識一條捷徑，幾天就能到。」

他高興極了，正準備走捷徑的時候，想起老闆的第一條忠告，他回到了原來的路上。後來，他得知那個人讓他走的所謂捷徑完全是個圈套。

幾天後，他走累了，發現路邊有家旅館，他打算住一夜，付過房錢後他躺下睡了。睡夢中他被一聲慘叫驚醒，他跳了起來，正想開門看看發生了什麼事，但他想起了第二條忠告，於是又回到床上繼續睡覺。

起床後吃完早餐，店主問他是否聽到了叫聲，他說聽到了，店主問：「您不好奇嗎？」他回答說不好奇。

店主說：「您是第一個活著從這裡出去的客人。我的獨生子精神異常，他經常大聲叫著引客人出來，然後將他殺死埋掉。」

他接著趕路，終於在一天的黃昏時分，遠遠望見了自己的小屋。屋裡的煙囪正冒著炊煙，還依稀可以看見妻子的身影，雖然天色昏暗，但他依然看清了妻子不是一個人，還有一個男子伏在她的膝頭，她撫摸著他的頭髮。看到這一幕，他的內心充滿仇恨和痛苦，他想跑過去殺了他們，他深吸一口氣，快步走了過去，這時他想起了第三條忠告，於是停下來，決定在原地露宿一晚，第二天再做決定。

天亮後，已恢復冷靜的他對自己說：「我不能殺死我的妻子，我要回到老闆那裡，求他收留我，在這之前，我想告訴我的妻子我始終忠於她。」

他走到家門口敲了敲門，妻子打開門，認出了他，撲到他的懷裡，緊緊的抱住了他。他想把妻子推開，但沒有做到。

他眼含淚水對妻子說：「我對你是忠誠的，但你背叛了我。」

妻子訝異的說：「什麼？我從未背叛過你，我等了你二十年。」

他說：「那麼昨天下午你愛撫的那個男人是誰？」

妻子說：「那是我們的兒子。你走的時候我剛剛懷孕，今年他已經二十歲了。」

丈夫走進家門，擁抱了自己的兒子。在妻子忙著做晚飯的時候，他給兒子講述了自己的經歷。一家人坐下來一起吃麵包，他把老闆送的麵包掰開，發現裡面有一沓錢——那是他二十年辛辛苦苦勞動得來的工錢。

這個故事告訴了我們關於信任的真理：不要輕信別人的言語，你的眼睛所看到的事實也有虛假。

輕信陌生人獲得自己本性裡難以放下的貪婪，看似走了捷徑獲得了暫時的成功，但往往會將自己送上不歸路；難以遏制自己的好奇，不知道自我保護的最好方式就是不要招惹是非，往往在我們邁向成功的半途中就將我們拉下了水，再也無法到達自己的目的地；我們看到的不一定是事實，你的家人是你在世界上最親的人，也是愛你和你愛的人，他們用盡全部的愛來關心你、保護你還唯恐不夠，他們寧願用自身遭受痛苦的代價來換取你的平安，他們寧願用自身的辛苦來爲你換取幸福，不要爲了一時的傳言或者自己的猜疑而懷疑你的家人，親人之間，是一種血濃於水的情感，這種信任，是建立在血脈上的不可斷絕的信心，如果你連自己的家人都不信任，那麼這個世界上還有什麼人你能夠相信、你能夠依賴呢？反過來想，一個連自己的家人都懷疑的人，還有什麼人能夠得到他的信任呢？與這樣的人交往，豈不是平添了許多費心費力的麻煩和恩怨？

家人之間以一種公開、坦誠的方式向對方傾訴彼此的需要、痛苦、渴望等內心深處的感受，可以使他們能夠更加深入的瞭解對方，避免不必要的攻擊與冷漠迴避是非常重要的。

可是，有太多的家庭，當他們在生活中遭受挫折或遇到什麼問題時，往往選擇彼此分離，以爲距離可以解決問題。於是沒有了溝通和信任的基礎，導致彼此越走越遠，這樣非但不能坦誠相對，找到解決問題的方法，更嚴重的是很容易走向家庭的分裂。

信任你的家人，不是簡單地表現在言語上、行動中，這種信任給予一種濃厚的親情，是不可替代、不可更改的。這種信任有可能是表現爲一個鼓勵的微笑、一個溫暖的擁抱、一次有力的握手。這種信任還包括很多方面。

信任你的伴侶。你們因爲愛而結合在一起，因爲彼此愛慕、彼此相吸，因此在茫茫人海中認定了對方就是自己的唯一。在結合之初，就已經許下了莊嚴的諾言，永不欺騙，在一生中，相扶相持，白頭偕老。不僅要信任你的另一半，更要對你的另一半終生忠誠。只有彼此以真心相對，用真誠來守護對方，才能夠在一生風雨中平安走過。

信任你的子女。有時孩子不說實話，只是怕你指責他或者不允許他做某件事，才迫不得已瞎編。首先要給予孩子理解，讓他知道父母也是朋友，可以無話不談，取得他的信任；還要站在朋友和長輩的雙重立場上，以自己的經驗和經歷給孩子出謀劃策，讓他相信你是他強而有力的後援。這樣就可以與孩子建立起互信互愛的橋樑。

信任你的子女，當然還包括相信他的能力，相信他能夠透過自己的努力取得更好的成績，相信他能夠憑藉自己的能力完成一些事情，做一個小大人。給他鼓勵、給他安慰，最重要的，是給他信任。

信任你的父母。這種說法似乎有些多餘，因爲在我們心目中，父母是絕對不會欺騙我們的。世界上最無私的愛就來自於你的父母，他們將你撫養成人，這其中的許多艱辛都是身爲子女所想不到的。

信任自己的父母，就是要給他們獨立自由的生活，不要因爲過分的孝順而束縛了雙親自由生活的權利，他們有自己的愛好和興趣，他們有自己喜歡的生活方式，也有權選擇在辛苦了半生之後重新安排自己的生活。

不要過分干涉父母的選擇，給他們自由的空間，你所要做的只是適當的關心他們，信任他們在與你相對分離的狀態下會生活得更好。

我們都不是生活在沒有污染的真空之中，也不是生活在沒有謊言的童話裡面，我們都受過傷害、都會感到沮喪，但是決不能因爲一道傷痕而將自己與生活劃出一道鴻溝。生活只有建立在信任之上才會輕鬆，人也只有建立在信任的基礎上才會獲得永恆的感情。

信任你的家人，因爲他們無私的愛著你、無怨的照顧著你，他們生怕有一丁點的生活不適讓你生病，他們生怕有一點照顧不周給你帶來麻煩，他們如此辛苦，卻從來沒有抱怨，因爲在他們心中，你的快樂就是他們的快樂，給你幸福就是他們最大的幸福。

信任你的家人，因爲他們全心全意的保護著你，就算有一個小小的謊言，那可能是爲了保護你，不想讓你受到傷害，而他們自己則將這種傷害全部承擔起來，深深埋在心底隨歲月慢慢風化，而將你用一個善意的謊言保護起來，不受實情的傷害。

信任你的家人，因爲他們想讓你生活得更美好，爲了你的夢想，他們寧願做幕後的辛苦工作，把榮譽留給你，把鮮花獻給你，當外人對你取得的成績刮目相看時，你站在領獎台上接受萬人矚目，而你的家人會坐在電視機前默默觀看，爲你流下激動的淚水。

信任你的家人，也要像他們愛你一樣愛他們。愛與被愛都是相互的，只有真正付出愛、學會了怎樣愛別人，才能感受到別人對自己的關懷。如果只是索取，只是等待關懷，終究有一天自己會忘記什麼叫做愛。

信任你的家人吧，別讓毫無意義的猜忌沖淡了彼此的愛意，別讓無謂的瑣事羈絆著家人的感情。信任你的家人，因爲他們永遠是你最堅強、可靠的後盾。

人生行動指南：消除疑慮，永遠信任你的家人

徹底清除對家人的疑慮，增加對他們的信任。

給你的愛人留有空間，讓他（她）有隱私的權利，因爲你信任對方，不是嗎？

放手讓你的家人去做他們自己想做的事吧！那樣才是對他們最大的信任。

設計你的空間——家

一個醉漢躺在街頭，警察把他扶起來，一看他竟然是當地的富翁。當警察說要送他回家時，富翁說：「家？我沒有家。」

警察指著不遠處的別墅問：「你沒有家？那是什麼？那不是你家嗎？」

「那是我的房子。」富翁說。

家是什麼？生活中許多人都把家等同於一間房子或一個旅館。常常聽到剛進入職場的人說「剛租了一間不錯的房子，終於有了自己的家了」或者說「現在房價貴得嚇人，想在都市裡買間房子恐怕賺一輩子都不夠，什麼時候才能有個家啊？」我們常常以爲有燈火的地方就有人住，以爲有房子的地方就是家，卻忘記仔細想一想，房子裡究竟要有什麼才算是個家，家裡究竟有什麼樣的佈置和氛圍才是個完整溫馨的家？當你或你的親人一旦從房子裡搬走，一旦那裡失去了溫馨和親情，你還認爲那裡是家嗎？對名人來說，那裡是故居；對一般老百姓來說，只能說曾在那裡住過，那裡已不再是家了。

從象形字的角度來看，「家」上面是一個寶字蓋，這的確意味著家首先應該有個居住的地方，可以讓我們遮風避雨、防寒納涼，下面的「豕」字代表豬，在農業時代，這就意味著一個家應該養著豬，現在我們則可以理解成，家裡應該有人進行一些屬於家庭範疇的基本活動。而這些活動不論是養寵物也好、種點花花草草也好，都是需要人來完成的，這些人就是親人。家有時在竹籬茅房，有時在高屋華堂，有時也在無家可歸的人群中。只有沒有親情的人和被愛遺忘的人，才是真正沒有家的人。家不是你居住的大房子，而是你與親人之間濃濃的親情。

一幢高品質的房子能照拂到人的身體，令其舒適；一種健康完善的居住方式能關照好人的內心，令人享受被體貼的幸福；而一個家則能安頓好人的靈魂，令人安詳平和，不生無有歸依的倉皇感。所以一個人究竟買的是一處房子，還是得到了一個家是有本質的差別的。什麼時候我們的身、心、靈能夠與我們的居所產生深度的契合，房子才真正變成了家。

有的人一住進某個房子，他就伴隨著那處房子一起老了；有的人一住進某個房子就進入了新生活時代。判斷或者營造一種意境需要我們有所取捨，有所挖掘。而這一工程的實施首先取決於居住者的心態。

但再大的房子也不及舒展的身心來得更爲寬敞。

當我們有足夠的經濟實力的時候，總是把家塡得越來越滿，人反倒成了家裡位置最不明確的一樣東西。所以總嫌房子太小，總嫌家庭用品不夠多。活得現代化並不一定確保我們很舒心，但活得有風情卻可以讓我們覺得很有滋味。

一九八三年盧旺達內戰期間，有一個叫熱拉爾的人，三十七歲，他們一家有四十口人，父親、兄弟、姐妹、妻兒，幾乎全部離散喪生了。最後，絕望的熱拉爾打聽到五歲的小女兒還活著，於是輾轉數地，冒著生命危險找到了自己的親生骨肉，他悲喜交加，將女兒緊緊的摟在懷裡，第一句話就是：「我又有家了。」

有了親人，才有家的感覺。我們不能想像在萬家燈火團圓的時刻，一個人坐在餐桌旁對月獨飲會是多麼的淒涼；我們也不能想像在親人團聚的歡樂時刻，卻因爲一些雞毛蒜皮的小事吵得面紅耳赤不歡而散，有了家，有親人，有團聚的時間還是不夠的，我們需要的是一個溫馨的家。

有人追求家庭裝潢的豪華，有人想要做到家庭佈置的極致；有人把家變成了宮殿，也有人把家當成了旅館。如果你是有錢人，你可以把家設計得豪華、現代、令人瞠目；如果你只是一個普通人，你也可以讓家更加溫馨。

溫馨的家裡，不需要豪華的裝飾，不需要奢侈的擺設，不需要三五成群的侍者，不需要整天充斥著高貴的客人，不需要終日在彼此面前保持高雅的姿態。溫馨，是一個家的必要因素，而金錢的多寡，無法衡量溫馨的程度。

家的溫馨需要的或許不是華麗的裝修、昂貴的傢俱，不是用金錢堆砌起來的浮華。以自己的愛好和感受、用自己的慧心和才幹佈置的家居，才會洋溢出一種充滿個性與和諧的家庭氛圍。

溫馨的家，是人們一直嚮往的地方。如何營造出一個溫馨的家？除了家人的情緒之外，傢俱設計也是不可忽視的。

千萬不要把佈置收拾房間當作麻煩事，如果你喜歡為家營造一種溫馨的感覺，就從仔細整理房間、擺放一些家飾用品開始吧！有人喜歡收藏，偏愛各種工藝品，專門在牆上設計製作了收藏櫃，放入各種收藏品，可隨時欣賞把玩；在牆的一邊做一個方格子的工藝品架，可以使略長的客廳在視覺上變寬，精心挑選的古瓶如青花、雕漆、寫意等裝飾其上，其間點綴一些插花飾品等，古樸中不失靈動；方廳木板牆上掛幅木質框的風光油畫別有風情，客廳裡掛兩幅裝飾精美的先生的攝影作品，增添了幾許雅致。這樣的家，不僅溫馨，更有一種高雅的情調。

布藝也是居室不可缺少的家飾用品，精心挑選床罩和窗簾還有沙發套等各種布藝品，精心選擇它們的顏色和圖案，隨季節的變化交替使用，隨意搭配，可以爲家裡增加許多浪漫的氣息和溫柔的感覺。

特別要注意腳下的地板。長期以來，我們都生活在鋼筋水泥做的房子裡，生冷的水泥地板，堅硬的石板、瓷磚，清一色的白色牆壁，無不給我們的家披上了一層冰冷的外衣。爲了擺脫冰冷的感覺，回歸自然就成了時下流行的最新動向。人們裝修時不約而同的選擇了大自然中綠色材料——木材，來襯托這個溫馨的家。從天花到地板，從傢俱到櫥櫃，能想到的我們都用上了，爲的是實現溫馨這個夢想。選擇款式多樣、色彩豐富、腳感舒適、自然溫馨、冬暖夏涼、高貴典雅的地板，不僅讓我們的家穿上了漂亮的外衣，也讓我們的舒適從腳下開始，一直延伸到整個生活。

真愛我家，築起的總是溫馨的家。世人，誰不渴望有溫情相伴。有歌唱道：家是一條生命的河，人生不能沒有家。願你，願我，願他，願我們每個人好好呵護自己的家，因為人生一世，溫馨是家。

溫馨是從窗口裡射出的那束柔暖的燈光。不管你從哪裡歸來，旅途中最盼望的便是家中有人點亮一束燈光。而你的心中就有這束燈光，指引著你不管多晚、多累、多難，都一直向家的方向走去，即使有再多的岔路，也不會迷失；心中的這束燈光還會告訴你，家裡有親人在等著你、盼著你、期待著你。那燈光雖然沒有太多的熱度，卻會給你無限的溫暖，它表達著家人對你的牽掛和眷顧。

溫馨是一家人聚在一起的美妙時光。吃些可口的菜餚，讚美一下彼此的變化，一起看看電視哈哈大笑，交流一些對事情的看法等等。也許話語不多，一個充滿愛意的拍拍額頭，一個包含甜蜜的擁抱，或者只是默默的握著彼此的雙手，不捨得鬆開。溫馨，就是一起共度的每一個平常而又快樂的夜晚。

溫馨是你離家遠行時的那一聲叮嚀，是你回家時的那一聲問候。叮嚀也許很絮煩，問候也許很平淡，但它們是真切的關懷與牽掛，是橫亙綿遠的情之所在。耳鬢廝磨，朝夕相守，再濃烈的情也不會永遠是火，有人說夫妻之愛平平淡淡才是真。你心中有我，我心中有你，浪漫只能是曇花一現，永恆的真愛才會是福。

溫馨是生命中有你有我的那一份情。醉酒時的那一杯濃茶，跌跤時的那一雙手，成功時的那一聲喝彩，痛苦時的那一個擁抱……點點滴滴的生活瑣事無不包含著濃濃的情意。同在屋簷下，共擔風和雨，一家人同甘共苦，一起享受生命中每一刻美好時光、每一點甜蜜感受，才是一生最大的幸福。

藍天是白雲的家，小河是魚兒的家，親人的心，就是你的家。愛家，愛親人，愛生活，用心營造家裡的氛圍吧，當家越來越溫馨時，你的心也就更加幸福。

人生行動指南：設計你的空間，讓家充滿著愛

找本家居設計的書籍，學習如何裝扮你的空間。

向一些設計師請教，讓你懂得藝術的裝點，合理佈局。

根據家人的愛好和興趣，用心設計，讓溫馨和愛意溢滿你的家。

關注孩子的未來

我們曾經作爲孩子在父母的哺育下成長，我們也都將爲人父母，承擔起教養孩子的重擔。不管我們從事什麼樣的工作，在社會中的地位如何，或者具有什麼樣的經濟實力，每一位父母都希望自己的孩子能聽話、上進、學有所長。望子成龍、望女成鳳是很多家庭對孩子的期望，我們不僅關心孩子們是否吃飽穿暖、是否快樂幸福，我們更應該關心孩子的成長歷程，關心他們小小的心靈裡到底裝著什麼樣的幻想、迷惑和情感，我們更要關心孩子們的未來。他們想要成爲什麼樣的人？他們將選擇什麼樣的人生道路？他們在奮鬥的過程中需要自己的父母提供什麼樣的幫助？他們是否會成爲有道德和良知的人？關心孩子的成長，父母承擔的是最大責任。

關心一個聰明的孩子，需要給他樹立一個爲人處世的好榜樣，言傳身教告訴他們什麼是對什麼是錯。

在一個陽光普照的週末午後，一個父親帶著他的兩個兒子去球場打球。他走向售票櫃檯問道：「門票要多少錢？」

年輕的售票員回答道：「大人三元，六歲以上的小孩也要三元，剛好六歲或小於六歲的小孩免費，他們兩個幾歲？」

那位父親答道：「我的小律師三歲，另一個醫師七歲，所以我想我得付六元。」

那位售票先生笑道：「嗨！先生，你是剛中了彩券還是發了財？你只要告訴我較大的男孩六歲，就可以替自己省下三元，我又看不出來有什麼差別。」

那個父親回答：「你說的沒錯，但是孩子們知道那是不同的。」

父母是孩子的第一任教師，孩子很多作爲和想法都是從父母身上學來的。言傳身教，意指父母透過榜樣的作用來影響教化子女，從而達到相應的教育目的。言傳身教是家庭教育最主要的方式，它直接對家庭教育者的行爲規範和思想水準提出了高要求。言教再多也不如身教有效。可惜的是社會上有數不清的父母，其身不正卻希望自己的孩子不要犯錯。自己是一條蟲，卻希望孩子成龍成鳳。

愛迪生曾說：「任你喊得聲嘶力竭，我卻聽不到。」

在一些決定性的時刻，道德感更重要，要確認你爲每一個和你一起生活及工作的人樹立了良好的榜樣，尤其是孩子，因爲他們會記住你行爲的每一個細節。

言傳身教，以在一些基本的道德素養方面爲子女樹立榜樣以潛移默化爲主，就像故事中的那位父親，在生活中教育了兒子什麼叫做誠實。如果他在孩子們的面前爲了少花三塊錢而謊報孩子的年齡，那麼孩子幼小的心靈裡就會深深烙下欺騙的印記，他們可能就學會了瞞著父母亂花錢，隱瞞自己不好的考試成績等等，不要總是以為孩子會被社會上的不良風氣帶壞，其實有些伎倆和花招，孩子們都是從父母身上學到的。

培養一個聰明的孩子，需要給予他們多一些理解，少一些限制。苦似良藥的嚴格和無限寬宏的理解都能有利於孩子的成長。

艾倫是一位嚴厲並且通情達理的母親，她的女兒菲比十三歲時，年輕人正流行穿著染得花花綠綠的T恤和磨得破破爛爛的牛仔褲。雖然艾倫在一個貧窮的家庭長大，窮得沒錢買衣服，但她也從沒穿得這麼邋遢過。

有一天艾倫見到菲比站在門外，用泥土和石頭猛磨新牛仔褲的褲腳，她心想：「天呀！這可是我用錢買來的新褲子，你居然這樣糟蹋！」

於是她立刻飛奔出去阻止女兒，然後又搬出「我幼年如何清苦過日，你現在卻如此不愛惜東西」的老調，對女兒說教了一番。沒想到這孩子仍是不為所動，繼續低著頭使勁的磨著。

於是艾倫問她為何要把新牛仔褲弄成這樣，孩子用一副理所當然的語氣回答：「我就是不能穿新的嘛！」

「爲什麼不能？」

「不能就是不能，一定要弄舊才能穿出門。」

這是哪一國的邏輯呀？新的褲子不能穿，非要搞得像塊爛布才行？

每天早上孩子上學前，艾倫總會盯著她一身的打扮，然後歎口氣：「我的女兒居然穿成這副德性。」

她身上穿著她爸那件舊T恤，上面染滿了藍色的圓點和條紋。而那條牛仔褲更是令人目不忍睹，低腰，褲身緊得像包粽子，褲管經過她的「加工」，多了一把鬚子。她走路時，那鬚子便在後面向條尾巴似的拖來拖去。

然而有一天女兒上學後，艾倫突然像是聽到上帝跟他說話：「你記得每天早上女兒出門時，你都對她說什麼？『我女兒居然穿成這副德性。』當她到學校和朋友們談起整日嘮叨的古板老媽時，她可有的講了。你看過其他的國中女孩穿成什麼樣子嗎？何不親自去瞧瞧呢？」

那天她果真開車去接女兒回來，以便觀察其他女孩的穿著，結果發現穿得比她更驚世駭俗的大有人在。她似乎明白了這些小女孩的世界，其實也跟成年人一樣，如果在穿著上不是同一個風格，那麼在其他方面也難有溝通之處。回家的路上，艾倫向女兒表示，也許自己對牛仔褲事件反應過度了些。

她趁機跟孩子提出條件：「現在起，你去上學或和朋友出去玩，愛穿什麼隨你的意，我不過問。」

「太好了！」

「不過你跟我一起逛街，或拜訪長輩時，你得要乖乖的穿些像樣點的衣服。」

女兒沒搭腔，顯然是有些考慮。

艾倫繼續說：「這樣做你只需讓步百分之一，我卻得退百分之九十五，你說誰比較划算？」

女兒聽了之後，眼睛一亮，然後伸出手來跟艾倫握了握：「老媽，就這麼說定了。」

從此之後，艾倫每天都快快樂樂送女兒出門，對她的衣服不再囉嗦半句，而女兒和媽媽一起出門時，也會自動打扮得很得體。這個協定讓她們母女皆大歡喜。

培養一個聰明的孩子，特別要注意他們的少年階段。這是家長和孩子最難溝通的一段時間，也是最容易產生矛盾和隔閡的幾年，如果方法不得當，往往會對孩子產生很大的不利影響。這個時代是一個人成長過程中最叛逆的階段，在很多問題上孩子的觀點往往和周圍多數人不一樣，甚至相反，尤其和父母，更是顯得有點水火不容。但家長應該清楚這是很自然的現象，不要把孩子的一些想法看得很可怕，極力壓抑孩子的想法。解決問題的前提是家長要分清楚是非，到底是孩子的想法錯了，還是自己的想法存在著問題。關鍵就在於理解，能理解孩子，就能夠和他們溝通，能溝通就有可能改變他們。你瞭解自己的孩子嗎?當你瞭解了孩子的心理，解決起問題來，方向就清晰了，孩子也會漸漸的懂事。

培養一個聰明的孩子，不要總是只顧責備他們的錯誤或者偶爾的失敗，而不去幫孩子想辦法做出改進。

在一個小鎮上，有一位名叫安迪的男子。

有一天，因爲孩子考試成績太差了，他和兒子馬克之間發生了一次極不愉快的爭吵，他甚至說到：「我像你這麼大的時候，從來沒考過這麼差的成績！要是考得這麼差，我一定沒臉見我的父親！」

第二天清晨，安迪發現馬克的床空空如也——兒子離家出走了！

安迪的心中充滿了懊悔，他終於意識到：沒有什麼比兒子更重要的了！他迫切的希望這一切馬上結束。

他來到鎮上一家有名的商店，在店門前貼了一張醒目的大幅啓示：「馬克，快回家吧！爸爸永遠愛你！明天早上我在這裡等你！」

第二天早上，安迪來到那家商店，他發現至少有七個叫馬克的男孩在那裡。這些叫馬克的男孩也都是離家出走的，他們等在那裡，都希望這是自己的父親張開雙臂向他發出的回家召喚！

我們現在有許多自以爲家風嚴謹的父母，他們總是想讓自己這個「榜樣」的形象在子女心中「永生」，所以無論是外在行爲規範或內在精神氣質上，都給子女施予重壓。他們的這種「自信」是可嘉的，但這種做法實在非常荒謬，就像一種刻板的雕塑。這種做法害處很多。它不僅會束縛子女的視野，使他失去博采眾長的機會，還會變成全面的有形約束與限制，那樣就成了一種干涉，弄不好就捆住了孩子的手腳。

再優秀的父母，身上總難免有一些陋習，在作爲榜樣的含義裡，是否也包括這些不良的成分呢？成人的思想觀念雖然具備先進性，但與孩子天真爛漫的個性還是有許多格格不入的地方。刻板、暴躁的教育方式顯得十分武斷與草率，不僅解決不了問題，更容易引發深層次的衝突。

我們都曾一無所知的走進這個世界，我們都曾犯過幼稚無心的錯誤，我們都曾不懂事，愛淘氣，不服管教，當你爲了孩子的一舉一動生氣時，請想一想自己在那個年紀又是怎樣的頑皮。

在把孩子打扮得漂漂亮亮招人喜愛的同時，在想方設法給他們增加營養、補鐵補鈣的空餘，想一想你的孩子究竟在醞釀什麼稀奇古怪的想法，關心一下他幼小的心靈對許多問題有什麼樣幼稚卻真實的想法。關注孩子現在的一點一滴，就是培養一個孩子的聰明智慧。

人生行動指南：孩子是希望與愛的傳遞者

認真參加一次關於孩子教育的培訓，明白如何讓孩子聰明、健康。

列張表格，寫出你培養孩子的計劃，並一步一步執行，讓孩子快樂成長。

在日常生活中，教育孩子，帶孩子去參觀一些有益的展覽，讓他們懂得愛的真諦。

給孩子樹立榜樣，培養孩子求知上進、愛思考的習慣，激發他們的聰明才智。

享受生活一定要做的★10件事

20 THINGS TO DO, OR YOU'LL REGRET FOREVER

快樂是無形的，但它是有力量的，而且是超乎想像的。

它使你的心靈永保青春，使你的生命光彩奪目，使你的周圍灑滿成功的陽光。

然而，人生中不如意的事情總是那麼多，面對激烈的競爭，壓力和煩惱不斷籠罩著你，我們怎樣做才能把它們擋在門外，讓你自己擁有一份輕鬆愉快的心情，去享受多姿多彩的生活呢？

做生活中的藝術家

在浮躁喧囂的現代社會中，找尋一個專屬於自己的心靈家園，在氤氳的暖香中，幽靜的享受生活的藝術。

田雨在忙碌了大半年之後，終於得到了兩個月的假期，她沒有像其他同事那樣整天窩在家裡看電視，或者隔兩天找上一堆朋友看電影或喝下午茶，而是去了一家茶藝館專門學習茶藝，選擇了在這樣一個幽雅清新的環境中度過這個炎炎盛夏。

每天她以嫻熟的手法開始泡茶，觀其湯色，聞其茶香，再細細品上一小口，給人一種清新恬靜的享受。很難想像，在一個月前，她還是一個急躁、忙碌的職場女強人，現在她恬靜的面孔微笑著，讓人感到親切，就像是溫婉的鄰家姑娘。

以前在工作的空餘，田雨也曾看過一些介紹茶藝的書籍，現在假期開始了，她就藉此機會專心學習。剛開始學習茶藝的工作是辛苦的，跟著師傅，更多的是實際的操作，在書本裡學到的基本知識已遠遠不夠用。田雨認真向師傅學習茶葉的識別、沖泡等等，在工作中，她也留心積累實踐中的經驗，很快就進入專業的狀態。

看到眼前這個茶藝手法嫻熟的女孩，已經很難與那個工作壓力大、整天憂心忡忡的女孩聯繫起來了。茶藝不僅充實了她的假期生活，還使她的性格發生了很大的變化。田雨自己則認爲，茶藝是一種源自於生活、應用於生活的藝術。生活雖然忙碌工作也很繁重，但我們總可以抽出一點時間來感受一下藝術的氣息，這樣才不會被世俗所侵蝕，永遠保持一種悠然平和的心境和生活方式。

同樣是生活，有的人活得有滋有味，有的人活得狼狽不堪。沒有藝術的生活也是生活，但有藝術的生活是美好的生活，而完美的生活奠基於優良的思維。藝術的偉大意義，基本上在於它能顯現人的真正感情、內心生活的奧秘和熱情的世界。人生在世，經世立業、揚名立萬固然是很多人追求的目標，經商的可以在商賈雲集中顯露頭角，從政的可以深孚眾望、官運亨通，名與利不難獲得，難的是在於終生的堅守，即用一種平和的心境和從容的姿態來使自己在眾多名利之中保持本色，保持一種脫俗的心態，這不僅需要善良的心靈，更需要爲你的心靈從世俗的紛爭中留出一隅，尋找一下自己的興趣，將藝術融於生活。

人們生活在社會之中，角色在來回的變化；人們的交往之間，很容易發現別人的缺點，但不太容易發現自己的缺點；朋友多了好辦事，不假，但錯交一個朋友，也許能毀掉你的一生。如何識別一個人能不能做自己的朋友，中間的學問很大；很多人整天忙忙碌碌，到頭來卻一事無成，所以，人生做事不在乎數量，而在於質量，目的明確，方法得當，一張一弛，有的放矢；

有人說「英雄慣見亦尋常」，與人交往總要保持一定的距離，又有人說「隨和是寶」，和人交往力求融洽，究竟是何去何從，大家各執一詞。這些為人處世的方方面面，我們都需要面對、都需要解決，這期間會有非議、會有誤解、會有紛爭，於是我們發現很難在現實生活中保持一顆愉悅的心，總是感到壓力、感到沮喪，這也許就是因為我們在學習生活時，忘記了我們也應該藝術的生活著。

周作人在《生活之藝術》那篇散文裡說：「動物那樣的，自然的簡易的生活，是其一法；把生活當作一種藝術，微妙的、美的生活，又是一法。二者之外別無道路，有之即是禽獸之下的亂調的生活了。生活之藝術只在禁慾與縱慾的調和。」

我們不是動物，自然不能像動物那樣生活；但也未必要如文人雅士，追求維美的生活。藝術的生活，是在忙碌的生存中為自己找一個休息的方式，找一個放鬆的方式，找一個淨化心靈的方式。生活永遠是沒有錯的，有錯的是你的心態。其實鳥兒只需做好一隻鳥，雲兒只需做好一朵雲。生活沒有模版，生活沒有教條，生活只有一種靈性，如果你的生活只有忙碌和盲目，那只是因爲你不會發掘生活的靈性，只是因爲你忘記了用一點藝術的方式來激發生活的靈性。藝術是大自然映現在人間的東西，重要的是要好好磨鏡子。這面鏡子就是你自己。

像爲了保持健康需要運動一樣，爲了保持精神的健全和生活的從容，也需要藝術的熏陶。不要以爲藝術只是那些所謂的藝術家們將自己關在與世隔絕的小屋中創造出來的，不要以爲自己普通的思維無法領悟其中玄秘的奧妙，我們都不是「藝術白癡」，日常這樣說說，只不過是一種調侃的說法，不會真的有人認爲自己是白癡。我們承認自己藝術素質的缺乏，不等於不會在生活中體會美。美有很多種，比如大自然的美、心靈的美、親情的美、語言的美、文學的美、舉止的美、奮鬥的美，我們只要稍加留意，就可以在身邊發現美、感受美，但是我們確實缺乏一些能力，就是創造和欣賞藝術的美的能力。比如：怎麼透過恰當的化妝、選擇和搭配衣服使自己顯得更漂亮，怎麼選擇傢俱和裝飾，使自己的家更漂亮舒適，在工作中怎麼做出漂亮的文件，怎麼去欣賞藝術品等等。這些除了需要感官的知覺外，有時還需要一點點相關的專業知識，比如色彩學等等，我們可以透過不斷的看一些藝術方面的介紹來彌補，透過不斷對美的追求來將自己的生活營造得更藝術化。

蒙田說：「您懂得考慮自己的生活，懂得去安排它吧？那您就做了最重要事情了。天性的表露與發揮作用，無需異常的境遇。」

他還說過，我們最豪邁、最光榮的事業乃是生活的寫意，一切其他事情，充其量也只不過是這一事業的點綴和附屬品。這種生活的寫意，就是懂得將生活與藝術結合起來，在生活中享受藝術、在藝術中更優雅的生活吧！

週末了，不妨去看一看博物館的展覽。文物展讓你看到那些從前只在歷史課本上見到的圖片的真實面貌，讓你似乎真實的穿越了時間的隧道，回到幾百幾千年前，感知我們的祖先如何生活生存；工藝品展讓你驚歎於先人們精湛的技藝和巧妙的思維，在物質和科技落後的時代，他們竟然用自己的智慧和靈巧的心靈做出了如此不朽的傳世之寶；民俗展、瓷器展可以讓你看到我們祖先的日常生活是怎樣的，他們有著什麼樣有趣的風俗和習慣，他們是如何將對生活的熱愛和尊重表現在精美而細緻的日常用具中，只有愛生活才能享受生活。

如果你嫌博物館裡的氣氛太寧靜，與工作日裡的忙碌形成了太大的反差，一下子難以適應角色的轉變，那麼，不妨去聽一聽音樂會、看幾場音樂劇或者參加其他的藝術活動。故事情節豐富的音樂劇不僅引人入勝，更讓你在視覺、聽覺的盛宴中瞭解一個時代、一個民族或者一個生命傳奇的經歷，而他們的故事中有不少地方也是值得你自己借鑒和感悟的，在享受的同時也是在感悟和學習；音樂會也是很好的與藝術做伴的途徑，在裝修明朗的音樂廳裡聆聽藝術家們演奏一曲曲曠世經典，鋼琴流暢的音符、小提琴舒緩的節奏將你的心帶到山間、帶到草原，與溫婉的女孩對話，與智慧的老者交談，在音樂的世界裡放鬆緊張的心情，驅走一周來工作的壓力。

要是你連音樂都聽不進去，或者覺得自己在家聽聽CD就好了，那麼不妨去看話劇或者看電影。不要以爲在家裡對著電腦看片是一樣的效果，那只是爲了省錢和省時間的人的搪塞的說法。去看電影和戲劇是一種無可替代的藝術的生活方式。想想你和你的朋友一起，花上整個晚上欣賞一部視覺的盛宴，可能會感動得哭，可能會情不自禁的笑，也可能會回味的感歎其中蘊含的深刻的道理，看完之後，再對裡面的情節進行一下交流，聽聽彼此對男女主角的所作所爲有什麼看法，或者評論一下服裝的搭配道具的佈置是否達到了美的極致，或者幻想一下如果男女主角不採取哪種行動將導致劇情向哪個方向發展……

藝術是人們對自然、對歷史、對美的最深切感觸的產物，接觸藝術，感受藝術，會讓我們的心靈接受一次洗禮，會讓我們的思維來一次淨化，在寧靜的氣氛裡、在繽紛的色彩中、在悠揚的音符上，我們的心也一起跳動，忘記了昨日的傷、今天的累和明朝的憂，感受藝術，就是用眼、用耳、用心、用最簡單的方式給自己的生活增添一絲鮮亮的色彩、來一次愉快的躍動。

美無處不在，張開眼睛，打開心靈，伸長耳朵，用心感受，什麼樣的東西能夠觸動心靈，多多的去感受，多多的去開放，一片陽光，一朵雲，一棵樹，一張笑臉，一句聲音好聽的話語，一聲鳥鳴，一個美麗的女孩子，一陣清香，一個優雅的舉止，一個愛意的眼神，美無處不在，藝術無處不在，只要你去感受，你就可以擁有一個藝術的、美好的人生。

藝術並非只在精湛的工藝品中，並非只表現在精美的繪畫中，並非只存在於高雅的音樂中和文學中，藝術是空氣，藝術是體驗，就在我們的身邊，你只要用心去感受、去參與、去體會，就可以將自己的生活融入藝術之中，讓自己藝術的生活著，做一個生活中的藝術家。

人生行動指南：藝術的生活，讓心靈得到淨化

從自己的愛好出發，選擇一門自己感興趣的藝術。

花時間和精力研究並欣賞它，既增長知識，又提高了生活品質。

參加一些社團，和具有相同興趣的愛好者交流，同時可以多結識一些好友。

把你對藝術的感受記錄下來，享受其中的樂趣。

走出城市，享受大自然

一位父親買回來一隻小龜給兒子玩耍，不料兒子卻想到小龜這麼可憐，一定也想回到媽媽身邊，回到水裡，回到大自然的家中，於是兒子說服了爸爸媽媽和他一起在夜晚冒著雨，將小龜放回了河中，讓它回到了大自然的懷抱。

小龜的家在大自然中，它的一生在大自然中度過才會快樂，我們又何嘗不是呢？人類告別了樹葉獸皮作衣的蠻荒，走進了小木屋、磚瓦房和高樓大廈，忙碌於快節奏的現代生活方式，整日聞著現代化所導致的有污染的空氣，看著灰濛濛的天空中不透亮的太陽。長期居住在城市中，在匆忙的腳步裡，在忙碌的歲月中，人們往往感受不到季節的變換，不知道五穀的成熟。

居住在林立的由鋼筋混凝土建造的高樓大廈裡，遠離了自然界，不知道從什麼時候起，人們自覺和不自覺的開始把自己封閉起來，把自己禁錮起來，把綠色拒之遠方，聽不到蟲叫蛙鳴，不知道春播夏鋤秋收的意義。

在緊張的工作和繁忙的生活之中，不免會感到疲憊和失落，心情煩躁，情緒低落。這時候，你是否可以拋開一切事務，投身到大自然中去呢？充分的去享受陽光的沐浴，呼吸帶有自然芳香的新鮮空氣，感受一下萬物的生長和成熟。遠離了城市的車水馬龍，人事紛爭，拋開工作中的煩惱和羈絆，盡情享受大自然中的一切，心情會感到無比的輕鬆和歡快，大自然就是我們獲得心靈淨化的美妙空間。走出城市的高樓大廈，騎車來到田野裡，來到草地上，張開雙臂擁抱自然的風光，呼吸著新鮮的空氣，滿目的綠色讓你陶醉，盡情的享受自然界帶給你的清爽和呼吸，你會覺得自己彷彿獲得了新生。我們有時無法改變生命的軌跡，但我們確實可以在匆忙趕路的途中偶爾停下來稍作休息，聞聞路邊的花香，聽聽小鳥的啁啾，再為理想、事業而拚搏的同時，別忘了我們來人間走一遭的意義，其實並不僅僅是爲了名和利，倘若錯過了世界的美妙，我們就是枉費了人生。

一群年輕人結伴去郊遊，晚上在山腳下的空地上燃起篝火狂歡，散場了之後，他們沿著小路走回村莊，忽然有人驚叫起來：「快看啊，這麼多星星！」

他們抬頭仰望，果然，在深邃的夜空上點綴著繁星點點，那麼多那麼亮，比他們有生之年看過的星星的總和還要多，大家都在驚呼、都在感歎，原來在學習了那麼多年地理書、聽過那麼多神話故事之後，他們都是第一次看到銀河。

說不清城市化、現代化在帶給我們方便和快捷的同時，到底是不是也剝奪了我們的許多權力，比如，在大樹蔭下玩耍，在草叢中嬉戲，在花叢裡撲蝶，說不清這究竟是幾代人之前的記憶了，總之我們從出生的那一天起，就在白的牆、紅的磚下，接觸有限的面孔，聽著單調的聲音，一天天長大，以至於不認識五穀、不知道飛鳥、不熱愛自然。這是現代化帶給你我共同的悲哀。

我們在火柴盒一樣的房子裡，不知道四季溫度的變化；在金龜子一樣的汽車中，錯過了風的撫摸和雨的親吻；我們埋在現代化的高樓大廈的陰影之下，看不到日昇月落，星辰閃爍；我們從自然中走來，卻忘記了要經常回頭看看她、問候她。

小鳥生活在天空中，享受天空的樂趣；魚兒生活在大海裡，享受著大海的樂趣；我們生活在大自然中，享受著自然的樂趣。不知道從什麼時候起，城市人的生活觀念發生了變化，突然欣賞起自然界中的新鮮空氣，留戀起自然界的風光秀色，嚮往自然，渴望過一種田園的生活，想得到自然界的恩澤，過一種返璞歸真的生活，追求自耕自種世外桃源式的生活情趣。自己動手親自開墾一小塊地，按照自己的喜好種上瓜果蔬菜，天天給它澆水，除草，施肥，看著它長大成熟，從中感受耕耘、收穫的快樂。追求田園生活情趣，進行著人和自然的溝通和對話，尋找一種心靈的釋放。是啊，自然界的很多東西值得我們去欣賞，當你置身於層層疊疊的綠色中，放眼遠眺，那一排排的綠樹，一樹樹的果實，一縷縷的芬芳，都是自然給你的最美的恩賜。

享受自然，在充滿詩情畫意的天地，你會忘記煩惱，使自己的身心得到平靜，與萬物對話，在自然界中尋找一種心靈平衡。漫步於自然界中，花草叢中，流水之畔、秀木之旁，聆聽蟲嚶鳥鳴，寄情於物外，暢懷達志。使自己的情操得到昇華，心曠神怡。

享受自然，能讓你體會到春種秋收的苦和甜。曲徑的鄉間小路上，不知播下了多少農民的汗水和收穫的希望；小河默默的流淌，澆灌著莊稼，滋潤著花草樹木；莊稼和果樹經過一個夏天的孕育，成熟的果實已掛滿枝頭。走進自然，你可以感受到一分耕耘的辛苦，一分收穫的快樂，你可以明白原來自己生活中的衣食住行，其實都來自於春夏秋冬的辛勤勞作。

享受自然，是一種獨特的情趣。這裡沒有霓虹燈下的熱吻，也沒有燈火闌珊下的喧鬧，卻有著獨特的情趣。成熟的稻子婀娜多姿、隨風起舞；河水歡騰，偶爾露出水渦，是給你的微笑；綠色把你的思緒帶向遠方，你會想起久別的朋友，和你最親近的人。只有寧靜的心才能體味到這份平淡中的濃情，只有天真的心才能感受到自然界中生靈的有趣生活。享受自然，就是享受最純樸純真的生活。

享受自然，自然往往在平淡中透著獨特魅力，給你關於生命的啓迪。就像向日葵那樣，我們對待人生也要學會對生活永遠微笑；就像石縫中的小草一樣，在惡劣的環境下保持倔強的生命。何不說服自己，在荊棘中選擇自然界喜愛的花朵裝扮自己的生活，給自己一份輕鬆，你的生命中至少還擁有綠色、擁有希望、擁有寧靜。

從城市裡出走，醉翁之意往往不在「走」，而在於換個環境，換種心情。都市的繁囂喧鬧被大自然的雲淡風輕取代，緊張忙碌的狀態隨之轉換成輕鬆閒散的寫意。而旅遊運動的出現，則讓我們可以用更動感的姿態去親近大自然。

當今社會，現代化和城市化正在扼殺人類的天性，割斷了自然的連結，囚禁了人類的靈魂，精神錯亂，性情浮躁，智慧泯滅，感覺麻木，於是，返璞歸真，嚮往自然，這就成爲人類的本能需求。在旅遊過程中，置身於天地之間，融會在大自然的懷抱，感受宇宙之間波瀾壯闊的旋律，在氣勢磅礡的生態中獲得智慧和力量的源泉，只有在廣闊的生態旅遊中才能實現人類靈魂的自由！

在旅途中，有新奇的感受，有神奇的發現，心曠神怡，離塵絕俗，生活的改觀，人生的超越，進入一種新的境界，創造一種新的狀態，在平凡中昇華，塑造偉大的人生品格，這就是旅遊的人生價值。在旅遊過程中感受「天人合一」的境界，激發靈感，孕育思想，培育豪情，創造奇蹟，在旅途中感悟人生的真諦，在旅途中實現人生的昇華，這就是人生之旅的偉大意義。

別等到身心疲憊得不能再感受自然的撫摸，別等到眼睛花得看不清近處的稻草人，別等到腳步沉重的不能走完鄉間的小路。享受大自然吧！走出辦公室、告別交通工具，到郊外去，到草地和林間去，聽夏蟲的鳴唱，看花草的舞蹈。春的花香，夏的蔥鬱，秋的蒼涼，冬的凜冽，都是自然永遠的內容和方向。在草的枯榮裡，在花的開謝中，在河的來去間，在鷹的翅膀上，都是生命的足跡。享受自然，享受生命，在大自然中度過的每一天，都是快樂和愉悅的。

人生行動指南：享受自然，享受寧靜與快樂

做個獨自出遊的計劃，選擇那些山水出色的地方，來一次徹底釋放。在大自然的環境中，徹底忘掉工作，釋放壓力，對身心健康都十分有利。

在草地上野餐，或爬爬山，做一些深呼吸運動，有利於身體健康。

學會做幾道拿手菜

愛情走入婚姻之後，激情日趨平淡，也因此，有些男人認爲，婚姻是愛情的墳墓，婚姻是無奈的圍城，充滿了妻子瑣碎的抱怨和指責，他們再也享受不到甜蜜的令人嚮往的愛情。

其實，抱怨者多是一些只知索取而吝於付出的婚姻失敗者，他們甚至不願爲所愛的妻子做一頓飯。當男人把廚房界定爲女人的世界時，他注定再也體會不到愛情的滋味。

有一個女孩子的父親不常下廚，一旦下廚必做一道菜——魚香茄子。她不明白，母親爲什麼那麼喜歡這道菜，每次都要吃個盤底朝天。

不過，父親做這道菜確實拿手。一整個的茄子不切開，把它蒸過，然後在炭火上燒熟，直到茄子皮焦黃焦黃的，煞是好看。接著，把茄子切成很多小塊。但刀不能切到底。要保持茄子整個的形狀放在盤子裡。最後，把事先調好的汁，滾燙的，澆到茄子上。一眼看過去。紅紅綠綠間好像臥著一條美麗的魚。這道菜不但好看，而且好吃，入口鬆軟，唇齒留香，真還有魚肉的味道。

女孩子知道好吃，但絕對不會去學，父親做的時候她根本不想靠近看有什麼秘訣。她甚至覺得奇怪，爲什麼父親有心情做這樣麻煩的菜。她是現代女性，信奉的是男女平等，視做飯爲洪水猛獸，寧可不吃也不做。因爲這些，她被大家怒斥爲女權主義者，男友和她也經常因此鬧點彆扭。

那一天女孩子又和男朋友吵架了，起因就是做飯問題。她懶散地坐在沙發上看電視，男朋友不停眨眼示意她去幫幫廚房裡的母親，她故意視而不見。

幾個回合後，男朋友忍無可忍，大聲責備她：「從沒見過像你這麼懶的人！」

她也火冒三丈，一字一頓的回擊他：「現在你看見了。你後悔還來得及，我告訴你，我就是不做飯，現在不做，以後也不做！」

男朋友正準備拂袖而去，被聽到動靜從廚房裡出來的母親拉住。

母親讓他們坐下，清清嗓子，給他們講了關於魚香茄子的故事。

那是二十多年前，父親和母親剛剛結婚。母親是個很能幹的女人，不但工作上做得有聲有色，而且家務事也樣樣做得來，尤其燒得一手好菜。父親簡直是過著衣來伸手飯來張口的少爺生活。所有人都羨慕父親，說娶到母親真是一生的福氣。

有個週末，家裡要來客，母親忙不過來，就叫父親幫忙遞遞菜遞遞碗什麼的。千呼萬喚，父親卻只應著不挪步，眼睛都不肯從書本上移開一下。油鍋呼一下著了火，母親又氣又急，手忙腳亂間竟把油鍋打翻了，結果燙傷了腳。

父親當時懊悔極了。

母親臥床的那些日子，突然變得很愛吃魚。那時，生活條件那麼差，吃魚吃肉一般是過年過節才有的奢侈。母親的傷，其實已經花了很多錢，幾個朋友那裡都已經借遍。所以，給母親買過兩次魚以後，經濟捉襟見肘的父親就只有愧疚和無奈了。

大約過了一個星期。父親在晚飯時間興沖沖的端了一盤菜放到母親面前。母親吃了一口，說不出是什麼魚，細細咀嚼，發現不是魚肉，卻有魚的鮮香滋味。父親得意洋洋的笑：「這叫魚香茄子，味道好吧？」

原來，父親托朋友找了一個食堂大廚拜師學藝。人家本來不肯教的，但他好說歹說，大廚師感動了，才把這門絕活教給他。家常菜其實是很難做的，考手藝。父親學了一個星期，才有點眉目。

他像獻寶一樣，不停問母親：「好吃嗎？」還說，以後再也不袖手旁觀了，一定會幫母親一起做家務事。

母親一邊吃，一邊掉眼淚，眼淚和著菜，全都是幸福的滋味。

故事講完了，母親擦擦眼角，輕歎一聲：「一晃眼也吃了那麼多年了，好像還有很多滋味呢！」

剛下班進門的父親也語重心長的接口：「爲所愛的人做飯，其實有時候就是一種樂趣。兩個人在一起，本來就應該互相體諒和包容。」

女孩子終於明白了魚香茄子的秘密——爲所愛的人做菜，本身就是一種幸福。

當一個男人懂得真愛的時候，他會爲所愛的人學做幾道拿手好菜。當他看著心愛的人品嚐自己的菜餚的時候，一定會深刻體會平凡生活中愛情的滋味，那是一種魚香茄子的味道，不需細訴而滿室生香。一個男人爲心愛的女人下廚時，舉手投足間猶如君臨天下，自有無限魅力。

其實，做菜不像你想像的那麼枯燥。那是一個創作的過程，你可以遵照菜譜，按部就班；也可任意發揮，盡情想像。同樣的蔬菜，今天這麼炒，明天那樣燉，總是有所收穫，有所驚喜。做得不成功不要緊，又不是做生意，沒什麼損失，大不了「下不爲例」。還有，做菜容易使人有成就感，十幾分鐘，半個多小時，頂多一個小時過去，就能做出幾樣可口的飯菜，家人吃得其樂融融，喜笑顏開。有哪一項工作能這麼快的立竿見影，且給家人帶來滿足感呢？爲你的愛人、爲你的朋友、爲你的長輩、爲你自己做幾道拿手菜，這種溫馨的感覺會永遠縈繞在心頭，成爲永遠的回憶。

談及現代女性，最令人心痛的流失並不是溫良賢淑、吃苦耐勞的品性，因爲一種傳統特質的流失，相對應會有另一種更有適應性的特質衍生出來，比如堅強獨立，更有學識和主見。就如現代女性雖不識紡紗織布做鞋，而女性決不會因此缺失美好的衣衫。

但現代女性最令人遺憾的特質流失，是拙於廚藝。早幾十年的女性，多少會炒幾道地方特色的小菜甚至家族秘傳的私房菜，到了現在我們這一代，能從廚房端出一桌子菜的女性就實在是珍稀人才了。現在的女子，不拙於才幹，也不拙於風情，卻拙於廚藝；因拙於廚藝，所以也就不擅在家中款待客人。

某先生有一次探訪一位舊女友，記憶深刻的是從前在她家吃的飯菜，心裡記得她媽媽做的幾道小菜，心裡暗暗期待這回又可以吃到這些小菜，沒想到了晚上六七點，廚房也沒有動靜。最後她說：去餐廳吃，我請客。於是他轉彎抹角向她提到以前在她家裡吃的幾道菜，沒想到第二天午餐，仍是去餐廳吃。她母親那幾道美味小菜，在她手裡恐怕失傳了。

才華、學識、社交、風情、口才等等，今天的女性端出來盈盈有餘。但在家中款待客人，從廚房端出自己親手燒製的幾道拿手小菜，今天的女性恐怕會感到勉爲其難了。作爲女性，如果有廚藝傍身，會幾道特色私房小菜，才稱得上完美。在家中款待客人，比在餐廳待客顯得更真摯親切。若一個女子要選擇學一藝傍身，有廚藝好過會彈鋼琴或跳芭蕾舞。美食對胃口的安慰和滿足有時勝過才藝對精神的撫慰，尤其是，煮食在家庭生活中有很實在的意義。

爲家人做菜，雖然加工的手法很簡單，用料也不是很講究，但是，每一道菜裡都融進了深深的情，濃濃的愛。所以，爲家人做菜是很幸福的工作，是很光榮的勞動，是心甘情願的付出。

如果你的父母病了，你精心的做他們愛吃的菜，他們會感到兒女的親情，體會到晚輩的孝順。他們會感到無比的幸福，無比的快慰，無比的自豪。

如果你的親人病了，你細心的調理幾樣可口的小菜，會幫助他緩解病痛，送去溫馨，讓他始終感覺這個世界上時刻有人在牽掛他。

如果同事病了，你爲他做上一道哪怕最簡單的菜，他也會覺得朋友與同事間的溫情，感到人間的溫暖，感到友誼的珍貴。

親朋好友來了，如果你在家裡爲他們做上幾道拿手的飯菜，他們會覺得比在任何豪華的大酒店裡吃山珍海味還要高興愉快，津津有味，笑語歡聲，充滿溫馨。因爲即使菜餚簡單，場面簡樸，但你待人的心是真誠的，態度是親熱的。他們看重的不是吃什麼，而是對他們持怎樣的態度。菜鹹了，不要緊，多喝口水就好了；菜淡了，沒關係，再放點鹽就行了。即使一時疏忽把鹽當成了糖，或把糖錯看成了鹽，那也只會引得大家哄堂大笑，傳爲趣聞。其實那個時候所有人看重的已不是飯菜，看重的是親情、友情、人間的真情。

請你相信，做幾道菜的過程將給你帶來許多意外的收穫與幸福，給你的生活增添色香味。你會做菜嗎？你有拿手菜嗎？如果沒有，就趕快學吧。

人生行動指南：學會做菜，享受生活中的另一番情致

閱讀一本菜譜，記錄做菜方法，掌握其技巧。

選擇一個適宜的時間，爲家人做幾道菜，享受生活的溫馨和浪漫。

尋找機會，爲朋友或客人燒幾道自己的拿手菜，多一份真誠，多一種氣氛。

每月看一部打動你的電影

許多男人真正愛上電影，是從一部叫《肖申克的救贖》開始的，這部電影讓他們找回了那麼輕易就放棄的毅力。

許多人都深深感歎於男主角的精神，任何一個人，想要最後獲得藍天白雲下的自由，一定要具備過人的才華和堅韌的毅力。雖然當年這部片子因爲遇到了更強的對手而沒有獲得獎項，但是很多人始終覺得這是一部值得深思的好電影。在迷惑不解的時候，在不想堅持下去的時候，看一部這樣的勵志電影，有時可以從電影所講述的故事中獲得感悟，影響自己的理念和態度，甚至獲得繼續堅持下去的動力。

人是很奇怪的動物，我們往往因爲一個感人的故事或以一句發人深省的話語而改變生活的方向，這就是藝術的力量。

我們爲什麼看電影？當然不僅僅是因爲可以從影片中獲得發人深省的道理。看電影有時只是因爲無聊，因爲好奇，因爲孤獨，因爲寂寞，因爲無事可做，所以以這個方式來打發時間，或者找個朋友一起看，來增進彼此的交流和感情。

看電影，那其中可能有你的夢想，看過以後能讓你找回一些未圓的夢，也可能會帶你去面對一場驚心動魄的旅程，和主角一起經歷那奇幻的冒險和那些想也想不到的敵人，還有那戲劇化的天荒地老，羅曼蒂克的愛情讓你感動，英雄凱旋你爲他振奮，悲慘的結局讓你心碎，也可能是一劑良方，在你失意的時候，給你慰藉。

電影深邃和令人思索，電影配上了靈動的光影，每一個眼神都能讓我們玩味良久，每一個鏡頭都能讓我們做出不同的解讀。電影，是一門華麗的藝術，是在螢光幕前用光和影編織的絢麗多姿的夢，是用蕪亂的表象編織的深沉的靈魂。

在這節奏日漸加快的生活中，我們有時候會感到厭煩，而電影帶給我們的，是在激流之後的平靜水面，縱使有些蕩起波紋，對於我們已海闊天空的心來說，也只是一絲美的點綴和心靈的悸動。

電影給予我們的，是簡單而隨處可見的美：電影從生活中提煉出美，從每一個細節中發現美，而我們看電影無疑就是爲了找尋生活中不曾被發現的美好與快樂。

你會說，並不是每部電影都很美——是的，但每部電影都在帶給我們「美」的定義，縱使它是一部夾雜著血腥與暴力、悲涼與淒慘的電影，你也能在欣賞過後享受與體會到腥風血雨後的寧靜祥和。

電影將源於生活的小片段變成大故事，將他們從殘缺變得完美。我們在看電影的同時也可以感受到生活中不可能的寧靜與幸福。

生活中的憂傷總是隱隱相隨，而悲傷題材的電影即將悲傷擴大，讓觀者感到淡淡的愁緒與發自內心的悲涼。但這不是悲劇，他們沒有悲劇那麼淒慘，而是更爲貼近生活。許多電影中的的人物，都是我們心底憂傷的影子，只是他們被擴大，將原本隱藏的人性的詭異彰顯。

那種歐洲風格的影片，總是最能展現藝術的靈魂。猶如一位吟遊詩人或流浪畫家，一切都是那麼的浪漫，那麼的真實，大師們用他那纖細的靈感，觸及我們身上的每處神經，讓我們哭、笑、癡、醉……

老少皆宜的動畫片，以輕鬆的曲調、幽默的話語、誇張的表情告訴我們生活的真諦。在捧腹大笑的同時，你可以用「加菲貓」的話語放鬆自己：「做俯臥撐，今天先俯，明天再撐，管他的！」這種單純的小快樂，同樣是一種感動。

國內某權威調查機構，曾經公佈了一個對現代都市人的問卷調查結果，現代都市人繁忙的工作中偶有閒暇，卻覺得心中空洞無物，在生活條件提高的同時，幸福感卻大大下降。那麼爲什麼會出現這種狀況呢？原因是追求享受生活的時尚都市人，不再是以往那種對物質奢華的片面追求，而更注重於對生活中每一個細節的細心品味，從而找到適合自己的生活模式。也正是因為如此，現代人當中才出現了一些「電影族」、「賽事直播族」、「都市娛樂族」以及「徒步背包客」等等。

聊起電影，通常人們想到的「脫離現實、逃避」並非貶義。現代社會競爭激烈，每一個人都面臨著很多問題。

首先就是壓力大。但是，壓力源通常不在自己的控制範圍之內，例如不太可能減少工作時間、降低指標。在這種情況下，非常有效的減壓方法之一就是「換檔」，也就是做一些與你的壓力源——比如工作、事業、學習等——從內容、到節奏、到感受，距離越遠越好的事。哪怕只花上很少的時間，自己就會覺得放鬆、痛快多了！

想想那些科幻、傳奇影片，和自己的生活真是八竿子打不著，看這些影片就好像臨時脫離了給自己壓力的現實世界，不像寫實片，可能造成自己

「對號入座」。

在西方，在風行科幻、傳奇影片之前，曾經有一段時間非常流行成年人讀童話、看童話劇、看童話影片。心理學家指出，成年人都有著回到童年、找回童真的願望。時常讓自己融入童話世界，回到簡單淳樸、天真無邪、充滿幻想的世界，回到自己的童真狀態，是一件很健康的事。

後來，有人把它統稱爲「逃避」。這裡，「逃避」並不一定要理解爲貶義詞，而只是對一種現象的描述罷了。壓力對我們的傷害主要不是來自壓力的力度本身，而是來自壓力的長久持續性。

偶爾「逃避」一下、幻想一會兒，讓自己的大腦進入另外一個世界，其實就是一種「換檔」，就好像把緊繃著的橡皮筋鬆開一會兒，壓力感就會明顯減小。

愛上看電影還有一個原因，就是看電影是你與別人可以擁有的共同話題之一，大家聚在一起，可以神侃最近的新片，大評某個導演的水平或者某個影星的緋聞，或者對電影裡面的男女主角品頭論足，從外貌到穿著再到飾品的品牌，這是發現人的思維和喜好的絕佳的談話內容。

電影可以喻事，可以喻人，也可以寓情。比音樂多了影像，電影更具感染力，更能夠帶來視覺上的享受。比戲劇多了技術上的處理，所以效果上更加完美、更加超現實。

看電影更代表了一種輕鬆的生活方式，還有時間看電影，證明你的生活最起碼是有經濟條件並有閒暇的。看電影是一種很好的放鬆方式，在愉悅感官的同時也愉悅了心靈。

記得學生時期看的電影《虎口脫險》中，有這樣一段精彩的對白：「您好啊，勒福大指揮！哈哈，現在輪到我拿指揮棒，你跟著轉吧！」這一句台詞巧妙的把本身死板、沉重的電影題材變得幽默、風趣，創造出一種輕鬆、閒適的氣氛。瞧，這就是電影的魅力！簡單的幾個字、幾個詞，便能讓人難忘。

有時，人們常常會隨著鏡頭進入老年的回憶，接著，就會跟著回憶，去尋找一段動人的故事。這不就是課文中倒敘的表現手法嗎？

影片《海上鋼琴師》就是運用了「倒敘」的表現手法。這部影片的感人之處在於主角本身是貴族的棄嬰，被一個船員在甲板上發現了。

這個黑人船員決定從此把這孩子撫養成人，對孩子說：「噢，我可憐的小寶貝，不要怕，安心的睡吧，我會照顧你的。」

這一句經典的台詞表現出了多少豐富的內涵啊！一個黑人船員，能收養一個白人小孩，可見這位船員的心胸多麼寬廣，而且他能把他的愛給予一個素不相識的、孤苦伶仃的孩子，並且這種愛是長期的，這種精神是多麼可貴。

透過看電影，我們能體會到很多人情世故，更重要的是學會了更深刻的理解生活。

每週看一部打動你的電影吧！如果想欣賞那特殊的影劇效果、感受大螢幕的感官盛宴，就去電影院看吧，在那裡看電影是一件讓人很舒爽愉快的事情，在同一屋簷下與近百人一起喜怒哀樂，一起呼喊，感受電影帶來的激情與快樂，每一場電影都有在電影之外的故事值得記憶。

每週看一部打動你的電影吧！就算忙碌，時間緊湊，或者影片少、票價高，導致去電影院看的次數減少了，但看電影的那份美好感覺還是可以延續。即使忙碌，有網路線上或下載，買張光碟也便宜得很，或者乾脆租影片慢慢看，在家裡也可以享受看電影的那份閒適。

每週看一部打動你的電影吧！鏡頭一轉，完全兩個世界，讓你欣賞另一個世界發生了什麼樣的事情，歷史也好、未來也罷，螢幕總可以帶你暫時離開生活的煩惱或者迷茫，帶你到未知的世界裡感受新的生活方式、獲得新的體驗。我們看電影不是爲了逃避現實，而是爲了從中吸收更新的觀念來接受並改變現實。

每週看一部打動你的電影吧！時光流轉，鏡頭飛旋，不同的世界、不同的人生，不同的感觸。這裡面有哭聲有笑語，有悲情有愛意，電影能讓你哭、讓你笑，讓你感受生活的美。享受看電影的時光，就是享受生活。

電影是有生命力和感召力的。它將給你的生活帶來藝術美，帶來許許多多的人生感觸，讓你享受到生活的快樂與溫馨。

不論是電影帶給我們的寧靜、傷感、殘缺、灰色、哲理、輕鬆……也不論是恐怖驚悚的鬼片、驚險刺激的動作片、詼諧幽默的搞笑片，或者是被一些人視爲「垃圾」的所謂「國產大片」——不論他們是商業性的還是藝術性的，不論他給我們帶來的是喜悅或悲傷，憂心或釋然……你都可以花時間去細細品味，感受它的底蘊與內涵，縱使有些電影終究只是曇花一現，瞬間即逝的璀璨，但這種小小的感動卻能一點點的打開你的心靈。

人生行動指南：欣賞電影，體驗快樂

找個本子，寫下一些精彩而又有意義的電影。
每週選擇一部會讓你心動的電影，安排出時間，認真欣賞。
寫下每一次的觀後感，感觸其中精彩的片斷，領悟其深刻的哲理。

欣賞音樂，並懂得用音樂調適自己

春節時，列車上的人多得不能再多了，擁擠的車廂裡擠著四面八方的人和各自大大小小的行囊，車輪聲、話語聲、大呼小叫、還有推著貨車的列車員的叫賣聲，空氣似乎也被各種聲音壓得喘不過氣來，沉悶而乏味。總有人在抱怨，總有人在說著無聊，但有人總能夠安之若素的靜靜坐在那裡，彷彿與世隔絕般安靜的度過。因爲他們總是隨身帶著MP3，讓音樂伴自己一路，摒除外界的喧鬧、緩解內心的焦躁、安慰緊張的神經。聽音樂幾乎成了許多人應付壓力、不安和焦躁的秘訣，簡單而又輕鬆的就給自己營造了一個舒適的心靈空間。

音樂與人的關係是非常密切的，它給人力量，給人歡樂，給人傷感。

在你欣賞音樂的同時，你的心裡就會產生些微的波動。也許這首曲子會使你熱淚盈眶，回想起你昔日點點滴滴的前塵往事；也許這首曲子會讓你的眼前浮現出一個美麗的身影，讓你心中曾經的戀情回首。這些都是你聽了音樂後自然會產生的正常現象。

德國偉大的音樂家貝多芬認爲：音樂是比一切智慧、一切哲學更高的啓示……誰能說透音樂的意義，便能超脫常人無以振拔的苦難。說明音樂具有感化人、塑造人、拯救人的作用。人們在進行勞力工作時，爲了減輕精神上的負擔，發出「嗨唷！嗨唷！」的聲音，特別是在團體工作時，更有用歌唱的節奏來統一步伐和著力點的作用。另如持續時間較長的重複性工作，爲了避免單調及精神上的疲勞，人們也會自然的發出種種聲音來調劑精神。如採茶、放牧、搖船、插秧等等，雖然節奏並不一定與工作中的動作合拍，但因有了歌唱的調劑，就會使人感到輕鬆和減少寂寞感，枯燥感。

尼采說，沒有音樂，生命是沒有價值的。音樂是借景抒情、托物喻人的表達手法，音樂對於人類確實有一股神奇的力量，它的魅力能衝破一切界限產生心靈共鳴。音樂是心靈迸濺的火花。喜歡音樂，常常不由自主的陶醉於其中，總覺得好聽的音樂就像是一首優美的詩，像是一個瑰麗的夢，像是一雙迷人的眼睛，撩撥起人體內最敏銳的神經，這時只要用心去聆聽，去感覺，去體會，心情一定會變得很純淨，沒有雜念，只有享受。喜歡音樂，就算是個樂盲，不懂得每個音符的玄妙與規律，但是我們可以用心聆聽，找到自己對於音樂的理解和感觸。

當我們在非常愉快的時候，會一面唱著歌，一面手舞足蹈的跳著舞。當我們在非常鬱悶時，忽然有一支優美動聽的旋律飄至耳畔，煩惱、不快便會立刻煙消雲散，無有蹤跡。

當男女之間欲表達愛慕之情的時候，會發自內心的歌唱。例如家喻戶曉的著名小提琴協奏曲《梁山伯與祝英台》，以相愛爲內容的第一樂章，給人留下了深刻的印象，獨奏的長笛在輕柔的絃樂背景上奏出明亮、秀美的曲調，雙簧管奏出優美迷人的旋律。顯現出一派風和日麗、鳥語花香、春光明媚的江南景色。這是一個愛情的主題，它美麗動人，表現了梁山伯和祝英台真摯、純樸的愛情，大提琴與小提琴的真誠對答，描述了草橋結拜的情景。之後，樂隊和小提琴相互補充，使愛情主題更加熱烈、愉快。這是熱情的、真摯的、誠懇的發自內心的愛情之歌。

當自己的親人朋友遠離身邊的時刻，出於誠摯的想念，以及期望重逢的心情，於是寄情於歌，這又是大多數抒情歌曲產生的由來；在人們團體生活中，常有集會活動，如示威遊行、列隊行進、大會體操等等。這時，大家唱著節奏鮮明、音調雄健有力的歌曲，以壯聲勢，並寄於感情。這又是軍歌、進行曲以及隊列歌曲產生的由來。

人們爲了調劑精神，在吃飯、飲茶、休息之時，同時聽聽輕鬆愉快的音樂，使人精神格外爽健及增加愉快情緒，這又是古代宴樂和今日餐廳、酒吧、咖啡廳產生的原因之一。即使是在喪失親人、摯友或失去心愛的東西時，在悲痛欲絕的情況下，也會連哭帶唱的、情不自禁的歌唱，這又是悲歌、悼歌、葬歌、哀歌產生的由來。

當人們的感情不能用歌唱表達的時候，又借用種種不同樂器的音色、音域、演奏手法等，超脫了人聲的限制，並且運用獨奏、合奏、協奏等等形式，這就是一切樂器樂曲產生的緣由。以上這些都說明，生活中需要有音樂來陪伴，而音樂又是人們生活中不可缺少的精神調劑品，以及人們寄托思想感情的藝術品，更是人類精神文明的組成部分之一。

所以說：「哪裡有人類的足跡，哪裡就有音樂。」它既可以自娛，也可以娛人，更可以透過音樂音響的訊息來傳達交流人與人之間的思想感情，古今中外無不如此。

特別是人類越進化、越發展，音樂的複雜性、細緻性、多樣性越是明顯，並且大部分音樂已超越了國家民族、人種的界限，以人類共同的感情語言特性，來進行相互間的感情交流，特別是樂器樂曲更是如此。因喜、怒、哀、樂、憂、思、苦這些感情屬性，只要是人類，都會有相同的感知，至於其深度如何，那倒要視具體作品來定了。即使是不同民族的音樂語言，其音調雖有所不同，而感情、氣質的屬性，仍然是相同的。

音樂是一種有趣的東西，有些人覺得自己高雅，不屑於聽流行歌曲；或者強調個性，從來不聽國語歌曲。我們不重視音樂，只是因爲沒有意識到它的重要性。音樂是思維者的聲音，音樂是沒有文字的語言，優美的旋律，是音樂人融入了深刻的感情、加入了某一刹那的靈感而編繪的；發人深省的歌詞，是詩人根據一個個真實的故事或者自己對人生的感悟而釀就的。一首歌就是一首詩，就是一段感人的故事，就是一個永恆的真理。

音樂能夠緩解你的壓力、消除身心的疲勞、鼓舞你的意志。更重要的是，它能夠安慰你的心靈，在你的心裡營造一種靜謐、安寧的氛圍，使你感到舒暢和安寧。音樂是人類共通的語言，旋律中，彷彿有一種不可抗拒的藝術力量。音樂與世界，音樂與人性的奧秘，也許就如水一樣的在流淌中，使我們的靈魂昇華。在心隨樂動的過程中，似乎每一個細胞也隨之律動起來，跳躍起來，於是生命也更加年輕。

在一間活動室裡，許多老年人聚在一起打牌、下棋，消磨這漫長的下午時光。一位瘦小的婦人站在牆的旁邊，既沒有參與到其他人的活動中，也沒有說一句話。她穿著棕色的改良式旗袍，縮著肩，花白的短髮在腦後挽成一個髻。

這時從廣播裡傳來一段熟悉的旋律，是一段小步舞曲，於是奇特的一幕出現了，那個老婦人彷彿沒有意識到身邊的人一樣，開始搖擺扭動身體，她打著響指，扭著臀部，她踏著輕盈優雅的舞步：向後、跳步、滑步。當她轉到門前時，她停住了。恢復了原來的端莊，一臉嚴肅的走了過去。她又變成了那個縮肩弓腰的老婦人。

不要只看到歲月帶給生命的刻痕：滿臉皺紋、腰身臃腫、頭髮花白。每個人都有豐富的內心世界，只是日常生活中並沒有一絲靈感去觸動那些靈魂。音樂是有魔力的，它可以讓衰老的人重新找回年輕時的優雅，它可以讓患病的人重新燃起對生命的渴望，它可以讓鬱鬱寡歡的人重新找到快樂的理由。

音樂可以減壓，音樂可以緩解疼痛，音樂可以激發熱情，音樂更能幫助你營造平靜的心態。根據不同的心情特徵來聽聽音樂吧！每個人都有屬於自己的世界，有自己的靈魂，有自己的生活，也就該有屬於自己的音樂，有屬於自己的音樂。音樂照理沒有好壞之分，就像世上的一個個生命，有他們自己的性格、自己的模樣，也就適合於不同的人。

想感受高雅的時候，就聽一聽古典協奏曲、圓舞曲吧！讓心與舞曲一起飛揚，想像那飄然若仙的快樂；夜深人靜的時候，聽聽略帶憂傷的藍調吧！讓那些彷彿流淚的心情故事給你帶來一個感動的夜晚；鬱悶的時候，就聽聽搖滾發洩一番吧！對著麥克風的狂吼和前言不搭後語極富個性的歌詞，能讓你暫時忘記痛苦，把它們統統拋在腦後；在靜靜的夜裡，聽流淌的搖籃曲，感受窗外流動的風景，和煦的風輕輕的撫過，這時所有因白天工作而帶來的疲憊和不快都隨風而去，就像飛翔在藍天上的小鳥，自在而輕盈。

煩躁的時候，聽一聽班德瑞，在這裡，一切都是純自然的，有清爽的雨聲，淨化心靈；有變幻的風聲，纏綿悱惻；有潺潺的水聲，沁人心田；有喧鬧的鳥語，生機勃勃……像是從內心深處發出，如股股流泉般的傾瀉。像是在浮躁生活中的靜心丸，像一股泉水，舒而不緩，井然有序；像夕陽裡悠然的雲彩，天馬行空；像久違的老朋友，在茶水升騰的氣霧中，與你交換著關於生活和心靈的故事。那優美的旋律，像春天裡飄揚的細雨，綿綿無盡的流進心田，帶著自然的純真之情給人質樸的詩意，使人完全沉醉在大自然裡，沐浴在音樂的河流裡。並由此感悟到光明與生命的珍貴。在午後的暖陽中，在夜晚的清風中，沉醉在美妙的音樂中，心情也一寸寸迷醉了。班德瑞就是這樣純淨，透明，灑滿陽光的音符。聆聽這些最具臨場感的大自然音樂，就是每天送給自己最好的禮物。

想要享受下午茶的安寧時分，就享受一曲優雅的鋼琴曲吧。你能從音符的飛躍中感覺到風兒搖動的樹梢、夜霧在山谷中曼舞、微風在海邊輕唱……音樂裡的世界是廣大無邊的，空明幽遠的，是一種靈魂的應答與詠歎。觸及人們的靈魂，使人忘卻卑微、接近崇高。在音樂裡，我彷彿聞到了玫瑰、鬱金香的清香，海風中的腥氣……聽著純淨、悠揚的鋼琴曲，似乎在音樂裡能尋找到自己，確切的說是尋找自己的精神，內心就感到寧靜與安祥。

有音樂相伴的時間，似乎總是短暫的。音樂加速了時間，也加速了我們對時間的最美好享受。一首接一首的歌曲緩慢的播放，心也隨著音樂的旋律漸漸變得詩意起來，世間萬物好像靜止了，天地之間一片靜謐，人好像也變得純淨起來。能有這麼一個時刻，靜靜的坐在這裡，享受音樂帶來的美妙，豈不樂哉！

一首歌就是一個故事，一首歌就是一個童話。讓你感動的音樂，是屬於你自己的。有些歌聽著會悄悄哭了起來，有些歌聽著又會偷偷地笑。當你不開心時，當你迷茫時，當你鬱悶時，找一首好歌來聽吧！找一曲純音樂來感受吧！讓那流動的音符撫摸你緊繃的神經，從此平靜下來；讓那舒緩的旋律驅走你內心的憂慮，從此安寧下來。愛上音樂吧！享受音樂，享受生活。

人生行動指南：用音樂澆灌快樂生活

首先，瞭解些音樂的基本常識，懂得音樂的創作背景和創作意圖。

平日空閒時多欣賞一些自己感興趣的音樂，慢慢培養對音樂的興趣。

學會用音樂調適自己的情緒，讓音樂陪伴你每天快樂的生活。

培養健康好習慣，為健康投資

以往，兩個中國人見面，說得最多的一句話：你吃過飯了嗎？

如今，兩人見面，說得最多的是身體要緊，健康第一！

顯然，吃飯問題解決以後，人們更關心的是生活的品質，追求的是健康長壽。

那麼，健康的標準又是什麼呢？

通常我們認為不生病就是健康，後來才慢慢知道，健康不僅是指身體健康，心理也要健康。世界衛生組織將身體健康定義為「以精力旺盛地、敏捷地、並沒有什麼疲倦地完成日常工作及任務，並且有充分的精力利用業餘時間從事其他的工作以及處理其他意外的事情」。國內有學者提出：所謂健康，就是把人一生中幸福愉快的日子延伸更長，把離開世界的那段痛苦的時間縮得更短。

有了一個健康的體魄，才能進行正常的工作和生活。成功需要努力付出，但努力的提前就是要擁有一個健康的身體。只有維持健康，才能在日益激烈的競爭中立足，才能在紛繁複雜的世界中遨遊飛翔。

健康就是你一旦失去它的時候，才驚覺它曾經存在著。你才知道本來應該珍惜它的，你才明白過去對健康實在是太忽視了，你才想到健康原來和你是那麼不可分離。健康哪怕遠離你一會兒，你就會有很多深切的體驗；健康如果永遠離你而去，你也許會覺得整個世界都是沒有意義的。這就是健康的力量！

我們都知道，一輛汽車，如果經常維護保養，它的使用壽命就會增加。女士們爲了使臉部的皺紋出現得晚一點，會一直使用各種護膚保養品。那麼對於世界上最重要的精密「機器」——我們的身體，我們是否會經常保養呢？是否保持一種健康的好習慣呢？

如果給您三樣選擇：健康、財富、美麗，而且只能選擇一樣，你會選擇哪樣呢？

相信大家肯定會選擇健康。大家心裡也明白，健康對於我們每一個人都是最重要的。可是許多人卻有意無意的想賭一下（僥倖也是賭哦），我就是不注重健康，看疾病何時來。我們賭得起嗎？因爲一個人的健康不僅關係到他的身體，還關係到他的事業，更關係到他整個家庭，一人生病拖累全家！

那麼，健康靠誰呢？

有人會說，健康應該是醫生的事情，有病只要找醫生就對了。真的如此嗎？無疑，現代醫學挽救了很多人的生命，爲人類做出了不可磨滅的貢獻。同時，我們現在的醫療設備明顯比過去好了，各種新藥也不斷出來，可是我們人類的身體體質卻越來越差，亞健康人群占成人的百分之七十；患各種慢性病的人越來越多，而這些慢性病是導致死亡的最主要的原因。對於這些慢性病，我們的醫學技術目前還尚未攻克。

人類經過多年的研究，終於明白什麼對於我們的健康更重要。世界衛生組織研究報告特別指出，影響人類健康的有以下因素：遺傳因素占百分之十五、醫療設備占百分之八、氣候因素占百分之七、社會因素占百分之十，其中，自我保健占最主要的因素，是百分之六十。原來自我保健才是我們保持健康最重要的方法。

中南海名醫王連清教授也說：「保健，就是保護身體健康，二十一世紀將以預防疾病和保健爲主，我們要從依賴醫生爲主，改變到以自我保健爲主，以提高身體健康素質爲主。」

所以，健康要靠我們自己，靠我們平時的保養，靠自我保健！人必須依靠自我保健的還有一個重要理由是：一旦生病，特別是大病，那筆昂貴的醫藥費、那些時間精力會拖垮全家。

我們常說「生命在於運動」，這是一條與你的興趣愛好聯繫在一起的健康之路。

古希臘有句名言說：「如果你想強壯，跑步吧！如果你想健美，跑步吧！如果你想聰明，跑步吧！」如今，生命在於運動的概念，已經被越來越多的人所接受。

但在現實生活中，說的與做的總有些距離。不運動或運動不足的現象卻大有人在。一天二十四小時中，類似看電視這樣的消遣活動佔用的時間越來越長。據調查，在承認不運動的人當中，以「工作忙」為理由而不參加的占百分之四十點三二，高居各種原因之首；因場地遠而不運動的占百分之二十七點五二；「缺乏指導」、不懂運動方法的占百分之十五點零六。其實，有些調查是難以統計的，更多的人是因為惰性或輕視運動對自己健康的作用而遠遠的脫離了運動。而真的意識到運動的重要性時，往往已坐在輪椅上動不起來了，到那時，後悔就來不及了。

二〇〇八年八月份，上海將透過向每家每戶發放「控鹽小勺」的方式，大力提倡市民養成「每人每天六克鹽」的健康生活習慣。總數爲六百萬把的「控鹽小勺」的勺柄上，均印有「上海市人民政府贈」字樣。原因是高血壓等慢性病與「多鹽」有關已被現代醫學所證實，上海人每天每人平均食鹽量爲九點九克，遠遠超過了世界衛生組織每天每人平均吃進的食鹽量六克的標準。

這條關於發放「控鹽小勺」的新聞被放在當天報紙的頭條，市長出席活動啓動儀式，還派專職人員進行爲期一年的跟蹤監測評估。這一切絕不是小題大做，其意義遠遠超出了發放「控鹽小勺」的本身：政府是在向人們作出善意的提醒，爲了使你的明天更幸福，抓緊培養健康的生活習慣！

美國學者進行預測，要使美國人平均壽命增加一歲，需要花費一百億美元，而人們能自覺的培養成良好的生活習慣和思維習慣，經常運動，合理飲食，積極生活，人均壽命就有可能增加十一歲。這是一個多麼誘人的數字！當好的做法和好的想法成爲自己的習慣後，就可以爲自己的一生留下更多的財富。

實際上，我國的祖先們，在幾千年前，已經提出身體保養——養生。他們的養生理念至今領先世界！後來由於種種原因，我們在一段時期，拋棄了我國五千年的養生文化，跟在別人的屁股後面。直到外國人在經過不斷失敗後，開始認識到保健重於治療，我國的養生文化才被世界所認識(可歎的是，目前美、日兩國在中醫研究上的投資遠大於我們)。那些認爲別人的月亮比我們圓的人才又跟在別人後面講起保健。可是我們的國人對於健康的認識還停留在醫治上，我們關於保健的模式也依然以外國的模式爲樣板。這當然是可悲、可慮的。健康是需要我們培養好的習慣，並爲其投資。

曾經有一個財主犯了罪，被帶到縣太爺那裡審問。縣太爺向他提出三種接受懲罰的方式。第一種是罰五十兩銀子，第二種是抽五十皮鞭，第三種是生吃五斤大蒜。財主既怕花錢又怕挨打，就選擇了第三種。

在人們的圍觀下，財主開始吃大蒜。

「吃大蒜倒不是什麼難事，這是最輕的懲罰了。」

當吃下第一顆大蒜時，財主這樣想，可他越往下吃越感到難受，吃完二斤大蒜的時候，他感到自己的五臟六腑都在翻騰，像被烈火炙烤著一樣，他流著淚喊道：「我不吃大蒜了，我寧願挨五十皮鞭！」

執法的衙役剝去財主的衣服，把財主按到一條長板凳上，當著他的面把皮鞭蘸上了鹽水和辣椒粉，財主看得膽顫心驚，嚇得渾身發抖，當皮鞭落在財主的背上時，財主像殺豬一樣嚎叫起來，打到第十下的時候，財主痛得屁滾尿流，終於忍受不住痛苦的叫道：「青天大老爺啊，可憐可憐我吧，別再打我了，罰我五十兩銀子吧！」

很多時候都是這樣的，人們寧可捨棄健康，也不願付出金錢與時間。結果得不償失，沒有了健康，也最終失去包括時間與金錢的一切東西。

然而，健康也是一個不好伺候的嬌貴東西。健康的失去往往不可預料，我們可以預防，但是永遠的堅守只是一個神話。在我們生活的這個世界裡，每天都有許多不幸的人。災禍或者疾病奪走了他們的健康，讓他們不得不躺在醫院裡，接受醫生的救治。在現在的醫療條件下，很多人都得到了很好的救治，最後恢復了健康。

健康，不僅僅是個人的事，只有當全社會眾心一意，拋棄自私的成見，把維護健康看成一種我爲人人、人人爲我的公益事業時，才會真正進步，人人得益。

俄羅斯研究人員認爲，肉製品的蛋白質會加重某些病症。所以說，在某些情況下少吃肉或完全不吃肉是保持身體健康的決定性因素。

每當進食後全身的血液多流進消化器官以幫助消化。從胃進入腸的食物，由小腸壁吸收，經血液將營養物質運送到內臟，這時肝臟的血流趨盛。我們感到吃過飯想睡覺，就是因爲腦部血液流動趨緩之故。因此，飯後稍臥對消化有益，對血液循環有益，對健康也就有益。

美國密蘇里州大學的醫生說：「抬起頭來，將會令你外表年輕一些。

而且抬起頭部還可以減少患病機會。」

當你抬頭挺直腰時，胸膛會挺起，肺活量可增加百分之二十到百分之五十，空氣吸入多，身體組織所獲得的氧氣量也就隨之增多。當一個人獲得較多氧氣供應時，身體就不易疲倦。同時，抬頭也減輕腰骨痛，因爲挺胸的姿勢會減少脊椎的弧度。

歐美一些國家越來越多的人喜歡冒著霏霏細雨，到戶外逛街散步，充分享受著大自然給予的溫馨和快樂。雨落大地，可洗滌塵埃，淨化空氣。雨前殘陽照射及細雨初降時所產生的大量負離子，素有「空氣維生素」之譽，可營養神經，調節血壓。

美國紐約州精神病學會專家說，陽光是一種天然的興奮劑。最好的提神方法是在晨曦中做三十分鐘的散步或慢跑。因爲這可以使身體貯存大量的維生素D，有助於維護骨骼和牙齒的強健。

英國醫學協會的一份調查報告說，騎自行車可以使那些罹患神經官能症和身體過胖的人變成身心健康的人。騎自行車能加強心血管的功能，增強耐力，促進新陳代謝，調整人體脂肪。

一個健康的身體離不開良好的生活習慣。那麼，在生活中應該注意那些習慣呢？

（1）吃好早餐。

一直都有「早餐吃好、午餐吃飽、晚餐吃少」的說法，但由於早上時間最爲緊張，有的孩子又賴床，根本就來不及吃早餐。這樣，對大腦的損害非常大，因爲不吃早餐造成人體血糖低下，對大腦的營養供應不足，而上午又是功課最多的時候，大腦需要的能量得不到供應，長期下去，會影響功課和大腦的發育。早餐中鮮牛奶最爲適宜，它不僅含有優質的蛋白質，而且還含有大腦發育所必需的卵磷脂。

（2）維持充足的睡眠。

睡眠是大腦休息和調整的階段，睡眠不僅能保持大腦皮質細胞免於衰竭，使消耗的能量得到補充，大腦皮質的興奮和抑制過程達到了新的平衡。良好的睡眠有增進記憶力的作用。青少年每天應維持八小時的睡眠時間。同時要注意睡覺時不要蒙頭，因為蒙頭睡覺時，隨著棉被內二氧化碳濃度的不斷升高，氧氣濃度不斷下降，大腦供氧不足，長時間吸進污濁的空氣，對大腦損傷極大。

（3）飲水充足。

水是人體的最主要的組成部分，研究發現，飲水不足是大腦衰老加快的一個重要原因。青少年每天至少要飲用八杯水，以維持身體的需要。參加戶外運動。透過運動不僅可以使骨骼、肌肉強壯發達，也能促進大腦和各內臟器官的發育。

（4）不要帶病用腦。

在身體欠佳或患各種急性病的時候，就應該休息。這時如仍堅持學習用腦，不僅效率低下，而且容易造成大腦的損傷。

（5）培養健康運動的習慣。

運動是增強體魄的有效途徑。透過持續的運動，激發活力，錘煉心智，保持健康。

總之，生活中，爲了健康，爲了事業，每個人都應該培養健康的好習慣，爲健康投資！

人生行動指南：有健康，才有快樂

找一本關於健康知識的書籍，瞭解健康常識。

多聽一些健康講座，明白健康的重要性，培養保持健康的意識。

在日常生活中，逐漸養成健康的好習慣，爲健康投資。

擁有幾個共患難的摯友

人生沒有友誼，就像盛宴沒有美酒，可謂美中不足。如果說女人間友誼是爲了相互有個傾訴的對象，那麼男人間的友誼是爲了有幾位親密的戰友，可以在與命運搏鬥時並肩作戰。每個人都有可能遭遇不幸，在絕望的時候，朋友伸過來的熱情之手將給你最大的安慰和支持，讓你的生活變得快樂。

公元前四世紀，義大利一個叫皮斯阿司的小伙子觸犯了暴躁的國君猶奧尼索司，被判處絞刑。身爲孝子的他請求回家與老父老母訣別。

剛開始總得不到暴君的同意，就在這時，他的朋友達蒙願意代他服刑，並且同意：「皮斯阿司若沒如期趕回，我願替他臨刑。」暴君這才勉強應允。

行刑之期臨近，皮斯阿司卻杳無蹤跡，人們都嘲笑達蒙，竟然傻到用生命來擔保友情！

當達蒙被帶上絞刑架，人們都悄無聲息於這悲劇性的一幕時，突然，遠方出現了皮斯阿司，飛奔在暴雨中的他高喊：「我回來了！」

他跑上絞刑架，熱淚盈眶得擁抱著達蒙，做最後的訣別。

這時，所有的人都在拭淚。

國君出人意料的特赦皮斯阿司，他說：「我願意傾己所有來結識這樣的朋友。」

友情和親情、愛情一樣，都是人類最美好、最純真的感情。每個人都需要可以同患難、共禍福的朋友。因爲個人的力量在自然界、在社會裡都太弱小，而朋友間無私的協作可以產生最強大的合力。

這種合作的精神從遠古時代就開始流傳，但隨著社會風氣的改變，人們的合作漸漸透過金錢作爲連結，而不是透過心的交流。這樣做的結果，一方面擴大了合作的範圍，另一方面則損害合作的真諦。如果沒有錢，人們將在社會上寸步難行，社會就是如此冷酷。

而友誼則不同，真正的友誼是一種互相信賴的關係，它的價值無法估計。金錢對於友誼便如強酸對於鋼鐵。朋友之間以感情相互連結，透過高層次的合作達到崇高的目標。

友誼是一種真誠的袒露，是一種內心的表達，是一種倆人之間的相互扶持，相互走過人生坎坷與挫折，走過低谷的階段。

而一旦到了這個時候，友誼也昇華到了至高的境界，叫做「義」。

真正的男子漢，都是必須具有「義」這一美德的。如果你不能爲朋友「上刀山、下火海」，那麼你將不會有威望，不會有號召力，也就是說，無論你怎麼強大，都得不到人們的認可，或者，乾脆與你爲敵。

真正的友誼，不是由老天來注定，而是由你自己來爭取。用你的真心去交換另一顆真心，偉大的友誼才會誕生。當然，如果面對巨大的誘惑，你的真心也可能會被出賣。我們可以說這是一種卑鄙的行爲，也可以說這是人之常情。所以為了避免這種情況的發生，我們必須認真選擇每一個朋友。

有這樣一個故事，一個富翁，年輕時家裡很窮，從小就生存在一種飢餓和窘迫之中。然而最使他難以忘懷並終生感恩的是朋友們對他無私、真誠的幫助和呵護。只要朋友手裡有兩塊糖果，肯定就會有他的一塊，朋友手裡有一個麵包，那肯定有他的一半。在貧窮和飢餓之中，還有什麼比這些東西更寶貴呢？

一眨眼三十年過去了。在這段時間裡，世界上的許多事情都變了模樣。此時，富翁步入中年。外出闖蕩的他已今非昔比，三十年的奔波勞碌，他一路風塵的走過來了，成為一個穩健、精明、魅力非凡的企業家。有一天，少小離家的他動了思鄉之念，於是在一個艷陽高照的日子裡，富翁回到家鄉。

當日，他走遍全村，感謝親人朋友這些年來對父母的照顧，並給每家送了一份禮品。夜裡，富翁在自家的堂屋裡設宴請客，赴宴者全是從小光著屁股一塊長大的玩伴。

按那裡的風俗，赴宴者都要帶點禮品表示謝意。有的禮品還很豐厚。富翁令人一一收下，準備等宴席之後再請大家帶回。

正在大家熱熱鬧鬧、夾菜斟酒的時候，門開了，一個兒時舊友走進門來，他的手裡提著一瓶酒，連聲說：「對不起，來晚了。」

大家都知道這個朋友日子過得很艱難，其情其境，一點兒不亞於富翁兒時。

富翁起身，接過朋友提來的酒，並把他拉到自己身邊的座位上坐下，朋友的眼裡閃過幾絲不易覺察的慌亂。

富翁親自把盞，他舉著手裡的酒瓶，說：「今天，我們就先喝這一瓶酒，如何？」一邊說，一邊給大家一一倒滿，然後他們一飲而盡。

「味道怎樣？」富翁問。

所有赴宴者面面相覷，默不作聲。舊友更是面紅耳赤，低下了頭。

富翁看了一眼全場，沉吟片刻，慢慢的說：「這些年來，我走了很多地方，喝過各種不同的酒，但是，沒有一種酒比今天的酒更好喝，更有味道，更讓我感動……」

說著，站起身，拿起酒瓶，又一次一一給大家斟酒，「再乾一杯！」

喝完之後，富翁的眼睛濕了，朋友也情難自抑，流淚了。

他們喝的哪裡是酒，分明是一瓶水！

世界上還有比這更感人的場面嗎？還有比這更寶貴的東西嗎？朋友不以貧窮自卑，提一瓶水也要去看看兒時的朋友；發跡的富翁不忘舊情，不以爲忤，反而大受感動，情不自禁，以致淚下，一瓶「水酒」可真的是含著重如泰山、穿越世俗的真情！

完全可以這樣說，能夠擁有幾個同患難、共禍福的朋友是一個人這輩子最偉大的成就之一。

郭沫若與陶行知同是中國文化界、教育界的名人，是在爭取民族解放、民主鬥爭中患難與共、並肩戰鬥的戰士，更是相互關心、志同道合的摯友。

他們的相識、相知和相交，是從二十世紀三〇年代下半葉開始的。一九三七年抗日戰爭爆發後，郭沫若從日本回國參加抗戰。不久，在國外從事國民外交活動的陶行知也於一九三八年十月回到武漢，開始與郭沫若共事。

武漢失守後，文化界、教育界的一大批知名人士撤到廣西桂林。先到桂林的王洞若，受陶行知的委託，籌備生活教育社。此時，郭沫若與陶行知也相聚在桂林。

他們常在一起散步，熱烈的討論時政，推心置腹的交談。在那時局動盪、生活艱苦的日子裡，郭沫若總看到陶行知臉色不大好，是一種不太健康的氣色。但陶行知從不把自己的苦痛告訴他人，而且根本沒有把這種苦痛放在眼裡。他一直忍受著病痛，以獻身精神從事著他的事業。這情景對郭沫若產生了極爲深刻的影響。

這年的十二月十五日，生活教育社在桂林正式成立。二千多人參加成立大會，陶行知在報告中總結了生活教育運動十二年的歷史經驗、教訓，號召全社同仁今後要擔負起把團體變成抗戰建國的堅實力量、影響整個教育界共同進步、普及抗戰建國的生活教育運動和反侵略的生活教育運動等四大任務。郭沫若在興致勃勃的講話中充分肯定陶行知的報告，認爲總結得好。他非常贊同大家共同推舉陶行知當選爲理事長。

此後，郭沫若與陶行知的交往逐漸多了，關係也愈加密切，在事業上竭盡心力，互相支持。倆人同患難，成爲摯友。

友情是人生一筆受益匪淺的儲蓄，這儲蓄是患難中的傾囊相助，是錯誤道路上的逆耳忠言，是艱難歲月裡的並肩作戰，是跌倒時別人的一把真誠的攙扶，是痛苦時抹去淚水的一縷清風。但在今天，摯友有了更重要的意義。

現代社會生活節奏快，流動性大。英國一家報紙在二〇〇六年七月份的某篇報導中說，這種壓力正波及現代人的交友生活。最近一項調查顯示，美國人可以傾訴衷腸的密友越來越少。而另一方面，也有人自豪的宣佈，自已透過一家交友網站結交了幾千位朋友。

美國出版界有兩本有關友誼和交友的書面世，其中一本是湯姆・拉思的《死黨朋友：你生命中不能沒有的人》。拉思發現，如果你最好的朋友飲食習慣健康，那麼你自己飲食習慣健康的可能性要大五倍。婚姻是否成功，友誼在其中的重要性相當於身體親密接觸的五倍多。拉思還發現，心臟病患者如果沒有三至四個關係親密的人，死亡的可能性是其他心臟病患者的兩倍。

另一本書是《反思友誼：我們今天的隱蔽聯繫》，作者是莉茲・斯潘塞和雷・帕爾。這本書考察網路時代各種類型的友誼。

帕爾發現，友誼的質量對人們在生活中能夠獲得多大滿足感有著巨大影響，「一個人如果在工作中沒有真摯的朋友，他在工作中有投入感的可能性就只有十二分之一」。但重要的並不只是友誼的質量，朋友的數量也相當重要。帕爾相信，一些人有三至四位摯友就會很愉快，而一些外向的人則可能希望結交十至十五位朋友。

看到了嗎？時至今日，除了傳統意義上的益處之外，有幾位摯友還可能讓你更健康。人生是一次漫長的旅行，摯友是不可缺少的。只有擁有自己真正的朋友，旅程才不會孤單。

「艱辛成知交，患難識摯友。」摯友是你走入社會的第一筆財富，希望你能擁有幾個摯友，摯友越多路越好走！同時也希望你能珍惜現在所有。

人生行動指南：同患難的摯友，是一生的財富

列個單子，寫下你的交友原則，盡量全面周到。

在生活和工作學習中，熱情待人，友善與人相處，培養友情。

有意識的選擇幾個能共患難、共快樂的人成爲摯友，相互支持。

珍惜感情，珍愛摯友。

獨自去你嚮往的遠方

有一句話說：熟悉的地方沒有風景。一成不變的日子裡，不會再有令人感動的事物撲面而來；瑣碎的生活中，心底的激情已找不到燃點。正如古代西方哲學家聖奧古斯丁曾說過的：「世界就像一本書，不去旅行的人只讀到了其中的一頁。」

在科技爆炸的今天，我們可以輕易欣賞到各地美景的精彩圖片和電視影片，但是實景的奇妙感覺只可意會，不可言傳。現代傳媒只能起到一個引介的作用，讓人們對實地旅遊更加深刻的嚮往。埃及的金字塔被譽爲世界第一奇觀，但我們在圖片上只能看到一個巨大的石堆而已，更深刻的人文內涵無法傳達。現代傳媒的出色發揮，卻只起到一個菜單的作用，更多的美食等著食客去一一品嚐，去自己心儀的遠方成了很多人的夢想。

「爲了天空飛翔的小鳥，爲了山間輕流的小溪，爲了寬闊的草原，流浪遠方，流浪，爲了夢中的橄欖樹……」

太熟悉的歌曲，它的作詞者三毛，那朵頑強綻放在撒哈拉沙漠上的奇葩，至今還是多少人難忘的夢裡落花。流浪的生涯讓三毛特立獨行。她這個弱女子，頂著異域的毒太陽，獨走天涯，忍受著陌生環境裡一個又一個長夜的冷寂。她流浪、寫作，孤獨但詩意的生活。

有太多太多的人嚮往著三毛書中獨走天涯、遊遍四海的豪爽而又美麗的經歷。他們都想如三毛般獨走天涯，活出一個精彩的自己。但是很少有人真的能夠做到。

原因當然很多，客觀條件是一方面，另一方面在於你自己的心態。一個人獨闖天涯當然不容易，信心不足，勇氣不夠，所以始終難以成行。

也許你有很多想去的地方，可是經濟條件和時間不一定允許。但無論如何，你至少也要去其中的一個地方吧？而且要一個人享受旅途中的一切，包括孤獨。

如果你自己沒有信心去你喜歡的遠方，這說明了你獨立性不夠，依賴性太強。也許你會考慮到安全問題。誠然，這是誰都會擔心的，但你應該處理好，不是嗎？

不能獨立是很多人尤其是女人的弱點。從小被人保護，缺乏磨練，讓你有著強烈的依賴感。你必須自己獨立的接觸社會，訓練一下。遇到問題，自己想出解決的方法。這樣你才能越來越獨立，越來越成熟。

「熟悉的地方沒有風景」，所以我們必須不斷的行走，不斷的體驗，人生才是豐盈而充實的。讓自己出去走走，才可以開闊視野，對以後的人生和生活會有重要的影響。

不懂土耳其語想去土耳其，不會法語想去法國，要不要把自己交給旅行社的導遊，跟著別人一起走？建議你一定要深度嘗試一下「自助旅行」，靠有限的旅遊小手冊和地圖，把一個不大的地方逛遍，這是勇氣和信心的象徵。

獨自走天涯的過程中，充滿了冒險的歡欣和可能遭遇的種種邂逅，你一定忍不住想嘗試一下吧！想想看，一個人遊蕩在一個陌生的地方，待上十幾二十天，你的心情、心態怎能不發生深刻的變化呢？

去你想去的地方，做你想做的事，因爲你只有一次生命和一次機會去做你想做的事情。

二〇〇一年三月十五日，一個名爲《摩西奶奶在二十一世紀》的畫展在華盛頓國立女性藝術博物館舉行，該展覽除展出摩西奶奶的作品外，還陳列了一些來自其他國家有關摩西奶奶的私人收藏品，其中最引人注目的是一張明信片，它是摩西奶奶一九六〇年寄出的，收件人是一位名叫春水上行的日本人。

這張明信片是第一次公佈於眾，上面有摩西奶奶畫的一座穀倉和她親筆寫的一段話：做你喜歡做的事，上帝會高興的幫你打開成功的門，哪怕你現在已經八十歲。

摩西奶奶爲什麼要寫這段話呢？原來這位叫春水上行的人想從事寫作，他從小就喜歡，可是大學畢業後，他一直在一家整容醫院裡工作，這讓他感到很彆扭。馬上就到三十歲了，他不知該不該放棄那份令人討厭的職業，而從事自己喜歡的寫作人生。

據說，這封來自日本的信讓摩西奶奶很感興趣，因爲在此之前她接到的來信都是恭維她或向她索要繪畫作品的，只有這封信謙虛的向她請教人生問題。所以收到這封信後，摩西奶奶非常高興，雖然當時她已一百歲了，還是立即回了信。

許多人認爲，展出那張明信片是因爲它屬於摩西奶奶最後的作品，其實瞭解摩西奶奶的人都知道，根本不是那麼回事。

眾所周知，摩西奶奶是美國弗吉尼亞州的一位農婦，七十六歲時因關節炎放棄農活，開始畫畫。八十歲時，到紐約舉辦畫展，引起轟動。她活了一百零一歲，一生留下繪畫作品一千六百餘幅，在生命的最後一年還畫了四十多幅，那張明信片根本算不上遺作。

那麼，到底是什麼原因，使人們異常關注那張明信片呢？原來寄那張明信片的春水上行，不是別人，而是目前日本大名鼎鼎的作家渡邊淳一。那張明信片是他在二十八歲時寫給摩西奶奶的。

也許正是這個原因，每當講解員向參觀的人講解這張明信片時，總要附帶地說上這麼幾句話：你心裡想做什麼，就大膽的去做吧！不要問自己的年齡有多大和現在的工作狀況如何，因爲你想做的那件事才是你真正的天賦所在，才是你人生的成功點，才是你生命的寄托和精神的家園。

每一次出行，都是一次心靈的歷險、一次文化的探索、一次對歷史的追尋。在我們身居的世界中，有許多地方，都在等待你的到來。像現代文明的發源地倫敦、文化名城巴黎、古典與宗教之城羅馬、冰火交匯有如史詩的耶路撒冷、「愛情豐碑」泰姬陵、古中國的藩籬萬里長城……旅程可以令你精神振奮。在旅程中，每天都有新的世界在等著你，讓你去發現，去尋覓：神秘的藝術、偉大的建築、富有情調的音樂舞蹈、變幻的風景，還有那麼多異國他鄉的新朋友，這是一種多麼新奇和令人嚮往的生活方式！

也許你會抱怨爲世俗所羈，不能走遍你喜歡的每一個地方，但是你不要灰心，你完全可以做出一種個性化的、富有魅力的選擇，使即便是僅有的那次出行成爲一次真正的心靈的歷程。在我們身居的世界中，有許多地方，靜靜地豎立在地平線上，這些地方的價值不在於其物質的豐盈，而在於其厚重的文化底蘊。走近這些一生至少應去一次的人間勝地，我們可以感受到靈魂的戰慄，被現代生活節奏所壓抑的心靈也會得到撫慰、安寧和滿足。這才是獨自去旅行的真正目的。

如果你還年輕，就別讓自己的腳步停止在灰暗喧囂的城市裡，不要讓自己的身心禁錮在無休止的工作中，獨自去一個你嚮往已久的地方，你會發現，世界真的好偉大，生活可以如此自由美好。而你自己，也必定發生了某種變化。

人生行動指南：獨走天涯，用心體會生命

在眾多嚮往的地方中，挑出自己最喜歡的，做個計劃，一個人去。

不要害怕，不要膽怯，如果你還年輕，那麼你絕對擁有獨走天涯的能力。

這世界上最容易做的事情是放棄，對於你想要做的事情，不要遲疑猶豫。

拿出你的信心和勇氣，相信自己一定可以，大膽去做吧！

每天「悅」讀半小時

莎士比亞曾說，書籍是全世界的營養品。生活裡沒有書籍，就好像沒有陽光；智慧裡沒有書籍，就好像鳥兒沒有翅膀。

也許現代生活的快節奏讓你在完成了一天的工作之後，再也無心拿起書本慢慢品嚐那一縷墨香；也許現代都市的繁華和娛樂方式的多樣化，讓你在空閒時間裡寧可和朋友們一起K歌、聚餐、搓麻將，也不願獨自守著一盞檯燈與書為伴；也許經歷了學生時代填鴨式的教育和題海戰術，讓你離開學校之後就再也不想翻開書本……即使有千萬個理由，其實本質上都是一樣的：只因為不能靜下心來享受那一份讀書的閒適與安寧。

閱讀雖說並不一定會改變我們的命運，卻可以改變我們的性格；閱讀不能改變人生的起點，但它卻可以改變人生的終點，它可以豐富我們的思想，提高我們對生活的認識，豐富自己的精神世界，可以使我們更加理性的看待現實問題。閱讀是豐富人生閱歷的良好伴侶，透過閱讀，我們可以借鑒他人的生活經歷來使自己的人生變長，變寬。

如果要求你一年讀四十本書，你做得到嗎？你肯定覺得那是不可能的，因爲你甚至連讀完一本的時間都沒有。可是你真的做不到嗎？你每天只需要抽出半小時就夠了。

每分鐘讀三百字，三十分鐘就能讀九千字，一周讀六萬三千字，而一年的閱讀量就可以達到三百多萬個字。而書籍的篇幅從六萬字到十萬字不等，平均起來大約七萬五千字。按這樣計算，每天讀三十分鐘，一年就可以讀四十本書。

威廉・奧斯羅爵士是當代最偉大的內科醫生之一。當今很多顯赫有名的醫生及所有正在行醫的醫生，幾乎都是由他的醫科教科書培養出來的。人們認爲，他的傑出成就不單是由於他有著淵博的醫學知識和深刻的洞察力，而是因爲他具有豐富的知識。他是一位很有文化素養的人，他每天睡覺前都要讀書。他一旦決定這麼做，在整個一生中，就再不破例。有證據說明，在一段時間之後，他如果不讀書，就簡直無法入睡。

在奧斯羅的一生中，他讀了數量相當可觀的書籍。半個世紀，每日閱讀三十分鐘，算算看，這總共是多少本書。試想，在一個人的一生中，可能培養多麼廣泛的興趣，可能涉及多麼豐富的學科。

並非一定是就寢前讀書半小時。這半小時或許是一天的其他什麼時間，即使在排得最滿的時間表中，大概也會有不止三十分鐘的空餘時間在什麼地方藏著。

沒有任何一種普遍適用的公式。唯一需要的是讀書的決心。有了決心，不管多忙，你一定能找到這三十分鐘。同時，一定要身邊有書。一旦開始閱讀，這三十分鐘裡的每一秒都不應該浪費。這樣你一定會每天讀三十分鐘書。這意味著你將一周讀半本書或一本書，是一個簡單易行的博覽群書的辦法。

不喜歡讀書的理由都是一樣的，但喜歡讀書的理由卻各不相同。

有人說，書籍是透過心靈觀察世界的窗口。是啊，我們的時間和精力是有限的，如果不能親自到地球上各處走走，去看那奇異的景致、去體味種種風土人情、去瞭解同一片天空下不同的人的生活，那就讀書吧！讓書籍帶著你的心飛向天空、飛過山脈、飛越海洋，暢遊世界！

有人說，書籍是人類進步的階梯。是啊，人類的步履如此漫長，宇宙的演化亙古不絕，而我們只不過是萬物進化歷程中極其短暫的一瞬間。我們想知道在自己誕生之前的世界是什麼樣子，也想知道自己所不能經歷的未來時空會有什麼樣的變化，那就讀書吧！讓書籍帶你穿越時空的阻隔，讓書籍帶你探索歷史的記憶，讓書籍帶你幻想未來的神奇！

有人說，書籍就像一盞神燈，它照亮人們最遙遠、最黯淡的生活道路。

是啊，我們經歷著許多的煩惱與迷惑，承受著許多壓力與質疑，如果不能在現實的世界裡找到支持，如果不能在現有的例子中找到榜樣，那就讀書吧！一本好的書籍，會在你失意的時候給你力量、會在你驕傲的時候給你忠告，會在你孤獨的時候給你慰藉，會在你迷茫的時候給你指點方向！

有人說，和書籍生活在一起，永遠不會歎氣。是啊，萬事如意只不過是人們美好的心願，在現實的世界裡，我們要考慮太多身外之物：錢、房子、車子、孩子等等，如果還沒能夠練就金剛不壞之身去承擔所有責任、煩惱和不如意，那就讀書吧！書籍會讓你知道究竟什麼值得追求，而什麼應該放棄；書籍會幫助你撫平澎湃的心潮，於鬧市中取靜，於紛爭中安寧；書籍會讓你形成自己的價值觀、人生觀和世界觀，培養更佳的心態！

從古至今，讀書始終是一種習慣、一種美德、一種風尚。古人讀書，更確切的說，在物質條件匱乏的情況下，在大部分人們還沒認識到書籍的重要性時，這種追求知識的精神將「讀書」染上了與命運抗爭、爲國家興盛、爲蒼生請命的英雄主義色彩。

沒有能力照明又怎樣？晉代車胤便將螢火蟲裝進紗袋，夜間藉此讀書；孫康在冬季夜晚，映著雪地反射的光來苦讀；漢朝元帝時的匡衡，竟然在牆壁上鑿一個洞，借來鄰居家的燈光。於是「囊螢映雪」和「鑿壁偷光」成了千古流傳的美談。

沒有錢買書又怎樣？元代的宋濂家中貧寒但他又酷愛讀書，只得四處去借。每次借書，他都講好期限，按時還書，從不違約，人們都樂意把書借給他。一次，他借到一本書，越讀越愛不釋手，可是還書的期限快到了，他竟連夜將書抄了下來。宋濂就這樣苦學勤學，終於成爲「開國文臣之首」。

沒有錢吃飯又怎樣？北宋范仲淹出生於貧苦人家，兩歲喪父，母親由於無法維持生活，不得不帶著他改嫁別處。范仲淹十多歲時，住在長山醴泉寺的僧房裡，晝夜苦讀。每天煮一鍋稀粥，等它凝成凍以後，用刀劃成四塊，早晚各取兩塊做主食。再將鹹菜切成幾根下飯。「斷齏劃粥」的窮小子終於成爲著名的政治家、軍事家。

苦於時間太少，漢朝的孫敬每天晚上學到深夜，爲了避免睡著，竟用繩子的一頭拴柱頭髮，一頭拴在房樑上，一打瞌睡頭髮就被拽得很疼，於是又有了精神讀書。戰國時的蘇秦，想做一番大事業，便刻苦讀書。深夜讀書，每當自己打盹的時候，他用錐子往大腿上刺一下。

「頭懸樑錐刺股」從此成爲勤學苦讀精神的典範。

三更燈火五更雞，正是男兒讀書時。黑髮不知勤學早，白首方悔讀書遲。顏真卿的詩句印證了古人寒窗苦讀、追求真知的精神。而如今，時代所賦予讀書人的特權已經不在了，讀書所代表的天將降大任於斯人也的精神也越來越淡化；隨著物質生活的豐富，我們也大可不必擔心再受古人所經歷的痛苦。讀書，已經成爲一種對生活的享受，成爲一種自由選擇的消遣方式，成爲一種培養氣質和修養的途徑。

對於現代人來說，讀書，是生活中必不可少的調味劑，是心情的調節器；是向遠古的先知問詢生命的真諦，是與個性分明的作家分享對世界的感悟。生活中沒有書，就像做菜時忘了放鹽，就像派對裡沒有美酒。每一天，每一刻，我們都不能沒有書籍相伴。從現在開始，不僅要閱讀，更要「悅」讀！

開始「悅」讀吧！讓那些思想家的關於宇宙和生命的感悟，對你的精神進行一次洗禮；讓那些文學家清新的思維和明快的筆調，帶你神遊夢中的世界；讓那些評論家犀利的筆鋒，培養你敏銳的觀察力和獨到的見解。

開始「悅」讀吧！無論工作多麼忙碌，無論生活的節奏多麼飛快，時間是最奇妙的東西，只要擠一擠，總可以發現零散的時間有待利用。你可以在等車的空閒看兩句哲人慧語，可以在午後小憩時翻兩頁輕鬆的散文，可以在入睡前倚在床上重溫經典的小說。

開始「悅」讀吧！當你悶悶不樂時，讓書籍解開你的心結；當你缺乏勇氣時，讓書籍給你勇往直前的動力；當你孤立無助時，讓書籍給你最有力的支持。書籍永遠是人類最好的朋友，也是最真誠的朋友。

開始「悅」讀吧！當你讀書時，會悄然的被作者帶入到一個全新的世界裡自由漫步，就像是與一位智者展開了平靜而又深遠的交談，超越了時空的限制。智者的思想會慢慢融入你的心靈深處，打動著你不成熟的靈魂。潛移默化中你對世界萬物的著眼角度開始發生變化，你會用心去體會人生的真正含義，你會更快樂積極的對待生活，你將學會欣賞美並去創造美，你將踏著智者們的思想階梯逐步達到新的精神境界，形成自己對生命、對世界的新的感悟。

開始「悅」讀吧！讓縷縷書香滌蕩你那因世俗而染上塵埃的靈魂，讓字字珠璣指點你奮鬥中不小心走入的迷津，讓循循哲理觸發你生命中善良、真誠的本性，讓本本智慧的結晶培養出你獨特的氣質、談吐和涵養。

每一天都閱讀，每一天都「悅」讀半小時。你會發現，書籍可以讓生活更輕鬆，書籍可以讓你我都更快樂，書籍可以讓每一個片段都更值得記憶。

讓生活的每一瞬間都留下書本的印跡，讓情感的每一個角落有書相伴，讓你的一生與好書爲友。

人生行動指南：堅持「悅」讀，享受愉悅

找一些書籍或報紙雜誌，選擇自己感興趣的方面閱讀。
每天堅持「悅」讀半個小時，養成一種習慣。
寫下讀後感，感受其精彩，體味其深刻的哲理，豐富精神世界。

擁有一輛車，享受自駕旅遊的樂趣

「自駕車旅遊」一詞出現於上世紀的美國，是早年流行於發達國家的旅遊形式。最初人們把週末開車出遊 Sunday-drive 發展爲後來的 Drive Travel，自由和個性化使自駕車旅遊充滿了魅力。與隨團旅遊的最大區別在於，對自駕車旅行者來說，重要是過程而不是結果。

行程中不經意的發現，就像沙裡淘金，並不在乎對方多麼完美，路邊的一段溪流，城外的半截石塔，山彎裡爛漫的桃花，崖壁上稀微的石刻，都能令人興奮不已，就是樂得隨心所欲，不要別人的刻意安排。隨時調整旅行線路，穿越旅行團無法觸及的地域，尤其是那些尚未開發和開放的地方，領略最淳樸的民風和未遭破壞的自然風光。

相對隨團旅遊，充滿個性色彩的自助駕車旅遊已越來越被有車族青睞。備齊行囊，駕上愛車，隨心所欲的去奔馳……約伴同行，不僅能盡情的觀賞沿途的流光畫影，享受自在愜意，還能感受到團隊互愛互勉的動人精神。大自然的神妙奇幻、傳統與現代、野性和雄奇，將盡在你的行程之中。

自駕旅遊使愛車不再僅僅充當交通工具。那次，乘著朋友的車子飛馳在雲南曲靖的紅色土地上，看著車影在夕陽下緊緊相隨，心中對這個忠實的夥伴產生了一份感激。所謂汽車生活，就是這樣的吧，人與車相互依靠，衝出平日的侷促，在他鄉的天空下，將自己完全釋放。

在地廣人稀的美國，一旦有了車和駕照，最讓人神往的就是可以開著車到處去玩。得天獨厚的各種自然景觀，完善的州級公路網路和服務，可以讓人自由自在的駕車旅遊。

在美國自駕旅遊的最大樂趣不在於什麼「駕車橫穿美國大陸」的壯舉，而在於隨時隨地興致所至就可以出行，或長或短都能樂在其中。記得某年七月的一個下午四點鐘，突然心血來潮，很想去一個從未到過的海灘看日落，便立刻到當地網頁查詢了一下天氣和路況的報導，再到 YAHOO 上列印出詳細的行車路線圖，比如哪裡轉彎、哪裡上高速公路、從哪個出口下高速公路、全程大約的長度、所需時間等等。

然後，戴上墨鏡，塗好防曬霜，一路上穿越了涼爽宜人的冷杉冬青樹林，聞著松木特有的清香，聽著達明一派的老歌，遠望開闊的綠野，銀光閃閃的瀑布，還有皚皚的雪山，很快就翻到山的另一邊，抵達一百多公里以外的海灘，這時，才下午五點多。

不過，去遠一點的地方，就要充分準備了，如果對自己的小車不放心的話，還可以租個車來開，各種越野四驅車任君選擇，連帶保險，收費也不是很高。如果是新手，最好不要在晚上開車，因爲會看不清路面的分線和標誌牌，很容易迷路。

有一次我們貪看風景，結果爲了不耽誤時間被迫在夜裡趕路。山裡的洲際鄉村公路沒有路燈一片漆黑，只有我們車的燈光照著前方一片不可預知的黑暗，很多急轉的S彎、Z彎突然驚險的出現，嚇得全車的人膽戰心驚。後來遇到從路邊加入的一輛車，就如同遇到苦海明燈一樣緊跟著它，好不容易才從迷魂陣轉了出來。

另外，去某些國家森林公園，要注意經常會有各種野生動物出沒，通常路上會樹立各種警示牌，說明此地有鹿、熊或者野牛之類的。比如在黃石公園，就要求大家都開車遊玩，買上七天的票，就可以開著車長驅直入啦，如果你想徒步遊玩，則不保證閣下的安全了。

總的來說，在美國，駕車出遊是很愜意的事，在路上會有很多驚喜的發現。

有一次開車經過一條鄉村高速公路，路邊忽然出現了一片開得燦爛如雲霞的野花，於是趕緊找個出口下去找那片野花，因爲不熟路，居然找了半天就是找不著，直到看見一輛警車，跑去問警察叔叔，先恭維一句你們這個鎮真漂亮，然後問他知不知道路邊那片野花，警察叔叔非常熱情的給我指了路，他還提醒我注意那條路是單行道，要小心駕駛。

自駕旅遊讓你一路輕鬆愉快，讓你享受到另一番精神世界的暢快。

看膩了大都市裡的車水馬龍，也看膩了夜色下的各色霓虹，他、老婆還有兒子，都不約而同的主張把出遊的目的地定在城外。因而，朋友推薦的、這座城市八十餘公里外的一片郊野，贏得了他們家的一致嚮往。

出行之前，老婆和兒子在一旁貪心的叫嚷著，美其名說是爲了「讓行程豐富緊湊」。兒子的自行車，釣魚竿，大風箏，野餐提籃，往車上一樣一樣搬的時候，他們已經做好了對郊遊行程的種種愉悅設想。

打點過後他們便驅車出發。從林立的高樓，到帶點點紅的草莓田，從川流不息的車流，到一排排筆直的樹木，車窗外的美景逐樣飛馳而過。

不知不覺中，他們到達了那片世外桃源般的郊野，一種豁然開朗的感覺油然而生。映入眼簾的是鬱鬱蔥蔥的森林，滿目清爽的草地，佈滿鵝卵石的清澈小溪；而長相優雅、氣質動感的駿逸，能和靜謐的環境相融，沒有一絲一毫的「侵略性」。

這個時候，他們席地而坐，打開野餐提籃，精心準備的午餐僅用「豐盛」還不足以形容；接著，他們便盡情享受貼近自然的樂趣——在略為坎坷的小道上，他小心翼翼地扶著兒子的自行車尾架，老婆殷勤地爲他擦去額上的汗珠；在濕潤的遍地綠草上，他們赤足奔跑，將風箏的細線緊緊地纏繞在手中；在魚兒清晰可見的小溪邊，他們伸手去抓小魚……

只要用心體會，幸福便如此簡單！就像古代的男子鍾情駿馬，現在人們都喜愛漂亮的車子。對於大多數人來說，有一輛自己的車子，並不是爲了炫耀，而是喜愛那種自由自在、風馳電掣的感覺。有沒有嘗試過：在週末的時候，帶上家人或朋友，開著馬力強勁的越野車，到郊外去狂飆一回呢？要知道，這時候馬達的轟鳴配上美女的尖叫，簡直就是世上最完美的樂章。

自駕旅遊的很多細節，相信熱愛戶外運動的你都已經很清楚了。但我們必須提醒你一點：自駕旅遊無論是對車還是對人都是一種考驗，因此在自駕旅遊期間，人的身體狀況和車的車況都應時刻注意。

自駕旅遊中駕駛員的身體狀況最應該得到關注。

據研究表明，自駕旅遊中連續駕車時間不能超過八小時，加上休息時間，至多也只能限制在十五小時以內。然而，有不少自駕旅遊者連續駕車時間常超過十二小時以上，如此高強度地駕車，很容易導致事故發生。另外，汽車的狀況也應時刻觀察，在駕駛中注意聽發動機運行的聲音，看監測儀表，聞電線、離合器、剎車片是否出現異味。途中休息時，還應環視汽車檢查一圈，以便及時排除輪胎、制動、轉向等方面的小問題。

安全第一，量力而行，讓自駕出遊更安全、自由、舒適。只要注意出行安全問題，你就可以安心享受屬於你的快樂時光了。

怎麼樣，動心了嗎？擁有一輛車，享受自駕旅遊的魅力吧！

人生行動指南：擁有一輛車，享受自駕遊的愉悅

首先，做個理財規劃，買一輛車，得是自己喜歡的。

找個時間，在一個天氣宜人的時候，偕同朋友或家人進行自駕遊。

讓您讀出屬於自己的品味

這一生沒做，一定會後悔的20件事

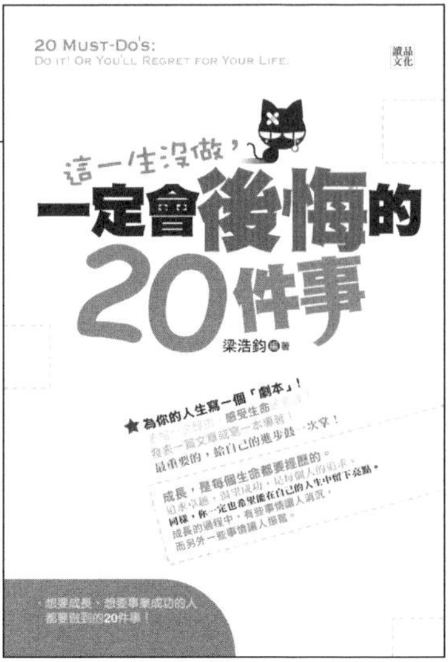

為你的人生寫一個「劇本」！
參加一次葬禮，感受生命的意義！
發表一篇文章或寫一本專著！

最重要的，給自己的進步鼓一次掌！！

想要成長、想要事業成功的人都要做到的20件事！

老闆和對手都不教的30種真本事

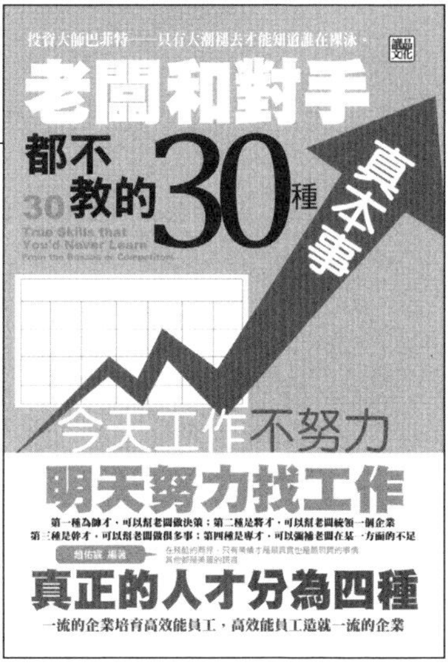

今天工作不努力，明天努力找工作。
在殘酷的商界，只有業績才是最真實也是最現實的事情，其他都是美麗的謊言。
一流的企業培育高效能員工，高效能員工造就一流的企業。
真正的人才也可以分為四種：
第一種為帥才，可以幫老闆做決策；
第二種是將才，可以幫老闆統領一個企業；
第三種是幹才，可以幫老闆做很多事；
第四種是專才，可以彌補老闆在某一方面的不足。

完全推理：祕密殺人事件

各位偵探迷注意！
完全推理又要來刺激你的腦細胞了，全新故事內容、更曲折離奇的案情，遠超乎你想像的情節，迫不及待再一次進入偵探世界，享受破案的快感了嗎?

快帶著你的好奇心和一顆躍躍欲試的心情加入我們吧！

蟑螂-職場上最需要具備之精神

職場如戰場，上班有時候就像一場戰爭，只有真正的勇士才能在鬥爭中勝出。
這本「蟑螂—職場上最需要具備之精神」有助於我們認識自己，瞭解他人，使我們在工作中圓融通達，在交際中如魚得水。

傳授心理學的“詭計”，會讓你遠離各種陷阱，識破各種謊言與詭計，成為一隻誰也踩不死的「小強」。

歷史上不願曝光的真相

《滿江紅》並非出自岳飛之手。
包拯從未做過宰相!
陳世美不是負心郎!
武大郎是身材高大的帥哥!
潘金蓮是知書達理的大家閨秀……
誰說流傳了千年就是永恆的真相?
誰說史官都如太史公司馬遷般公正無私?
誰說我們不是在謊言中被蒙蔽?
正史野史最喜歡捕風捉影的地方，真真假假，虛虛實實，且借來一雙慧眼，探清歷史的真相。

老闆不狠公司不穩

規則是防止人犯錯誤，制度是懲罰犯了錯的人

27項機車老闆成功帶兵的重要法則

過去的管理者是「經理」，表現為控制者、干預者、約束者和阻擋者；現在的管理者應該是「領導」，表現為解放者、協助者、激勵者和教導者。
辭退員工容易形成一種比較緊張的企業氣氛有什麼不好。緊張對人是好事；太寬鬆了，就讓好多人本身的惰性暴露無疑。

方法！思路決定出路

人活一生最重要的是先學會做事做人，
無論與誰做事都能給人好印象，讓別人願意和你在一起，願意與你交朋友。

一個人不論在社會中從事何種事業，
都需要有處理各種社會交往關係的能力，需要有和各種物件合作的能力。

複雜問題簡單化處理，其實也是一種心態，一種活在當下的心態，一種處理問題從容不迫的態度。

人前人後心態讀心術

所有人都具有同樣的基本情感，並因為同樣的事物受到觸動。
情感是人類性格的重要組成部分，
我們所做的事情中有很大一部分是受到情感的驅使。
甚至有些時候我們並不能意識到自己正處在什麼樣的情感狀態之中。
觀察一個人無意識的表情，不僅能夠知道他此時此刻的情感，
還能夠知道他即將會產生的情感。

讀品文化-讀者回函卡

■ 謝謝您購買本書，請詳細填寫本卡各欄後寄回，我們每月將抽選一百名回函讀者寄出精美禮物，並享有生日當月購書優惠！
想知道更多更即時的消息，請搜尋"永續圖書粉絲團"

■ 您也可以使用傳真或是掃描圖檔寄回公司信箱，謝謝。
傳真電話：(02) 8647-3660　　信箱：yungjiuh@ms45.hinet.net

◆ 姓名：　□男　□女　□單身　□已婚

◆ 生日：　□非會員　□已是會員

◆ E-Mail：　電話：(　)

◆ 地址：

◆ 學歷：□高中及以下　□專科或大學　□研究所以上　□其他

◆ 職業：□學生　□資訊　□製造　□行銷　□服務　□金融
□傳播　□公教　□軍警　□自由　□家管　□其他

◆ 閱讀嗜好：□兩性　□心理　□勵志　□傳記　□文學　□健康
□財經　□企管　□行銷　□休閒　□小說　□其他

◆ 您平均一年購書：□ 5本以下　□ 6～10本　□ 11～20本
□ 21～30本以下　□ 30本以上

◆ 購買此書的金額：

◆ 購自：　市(縣)
□連鎖書店　□一般書局　□量販店　□超商　□書展
□郵購　□網路訂購　□其他

◆ 您購買此書的原因：□書名　□作者　□內容　□封面
□版面設計　□其他

◆ 建議改進：□內容　□封面　□版面設計　□其他
您的建議：

剪下後傳真、掃描或寄回至「22103新北市汐止區大同路三段194號9樓之1讀品文化收」

廣 告 回 信
基隆郵局登記證
基隆廣字第 55 號

221-03

新北市汐止區大同路三段 194 號 9 樓之 1

讀品文化事業有限公司　收

電話/(02)8647-3663　　傳真/(02)8647-3660

劃撥帳號/18669219　　永續圖書有限公司

請沿此虛線對折免貼郵票或以傳真、掃描方式寄回本公司，謝謝！

讀好書品嘗人生的美味

現在不做，以後一定後悔的20件事